THEODOR FONTANE

GRETE MINDE

Nach einer altmärkischen Chronik

HAMBURGER LESEHEFTE VERLAG
HUSUM/NORDSEE

1.
Das Hänflingnest

„Weißt du, Grete, wir haben ein Nest in unserm Garten, und ganz niedrig, und zwei Junge drin."

„Das wäre! Wo denn? Ist es ein Fink oder eine Nachtigall?"

„Ich sag es nicht. Du musst es raten."

Diese Worte waren an einem überwachsenen Zaun, der zwei Nachbargärten voneinander trennte, gesprochen worden. Die Sprechenden, ein Mädchen und ein Knabe, ließen sich nur halb erkennen, denn so hoch sie standen, so waren die Himbeerbüsche hüben und drüben doch noch höher und wuchsen ihnen bis über die Brust.

„Bitte, Valtin", fuhr das Mädchen fort, „sag es mir."

„Rate."

„Ich kann nicht. Und ich *will* auch nicht."

„Du *könntest* schon, wenn du wolltest. Sieh nur", und dabei wies er mit dem Zeigefinger auf einen kleinen Vogel, der eben über ihre Köpfe hinflog und sich auf eine hohe Hanfstaude niedersetzte.

„Sieh", wiederholte Valtin.

„Ein Hänfling?"

„Geraten."

Der Vogel wiegte sich eine Weile, zwitscherte und flog dann wieder in den Garten zurück, in dem er sein Nest hatte. Die beiden Kinder folgten ihm neugierig mit ihren Augen.

„Denke dir", sagte Grete, „ich habe noch kein Vogelnest gesehen; bloß die zwei Schwalbennester auf unsrem Flur. Und ein Schwalbennest ist eigentlich gar kein Nest."

„Höre, Grete, ich glaube, da hast du Recht."

„Ein richtiges Nest, ich meine von einem Vogel, nicht ein Krähen- oder Storchennest, das muss so weich sein, wie der Flachs von Reginens Wocken."

„Und so ist es auch. Komm nur. Ich zeig es dir." Und dabei sprang er vom Zaun in den Garten seines elterlichen Hauses zurück.

„Ich darf nicht", sagte Grete.

„Du darfst nicht?"

„Nein, ich soll nicht. Trud ist dawider."

„Ach Trud, Trud. Trud ist deine Schwieger und eine Schwieger ist nicht mehr als eine Schwester. Wenn ich eine Schwester hätte, die könnte den ganzen Tag verbieten, ich tät es doch. Schwester ist Schwester. Spring. Ich fange dich."

3

„Hole die Leiter."

„Nein, spring."

Und sie sprang, und er fing sie geschickt in seinen Armen auf.

Jetzt erst sah man ihre Gestalt. Es war ein halbwachsenes Mädchen, sehr zart gebaut, und ihre feinen Linien, noch mehr das Oval und die Farbe ihres Gesichts, deuteten auf eine Fremde.

„Wie du springen kannst", sagte Valtin, der seinerseits einen echt märkischen Breitkopf und vorspringende Backenknochen hatte. „Du fliegst ja nur so. Und nun komm, nun will ich dir das Nest zeigen."

Er nahm sie bei der Hand, und zwischen Gartenbeeten hin, auf denen Dill und Pastinak in hohen Dolden standen, führte er sie bis in den Mittelgang, der weiter abwärts vor einer Geißblattlaube endigte.

„Ist es hier?"

„Nein, in dem Hollunder."

Und er bog ein paar Zweige zurück und wies ihr das Nest.

Grete sah neugierig hinein und wollte sich damit zu schaffen machen, aber jetzt umkreiste sie der Vogel, und Valtin sagte: „Lass; er ängstigt sich. Es ist wegen der Jungen; unsere Mütter sind nicht so bang um uns."

„Ich habe keine Mutter", erwiderte Grete scharf.

„Ich weiß", sagte Valtin, „aber ich vergess es immer wieder. Sieht sie doch so aus, als ob sie deine Mutter wäre, versteht sich deine Stiefmutter. Höre. Grete, sieh dich vor. Hübsch ist sie, aber hübsch und bös. Und du kennst doch das Märchen vom Machandelboom?"

„Gewiss kenn ich das. Das ist ja mein Lieblingsmärchen. Und Regine muss es mir immer wieder erzählen. Aber nun will ich zurück in unseren Garten."

„Nein, du musst noch bleiben. Ich freue mich immer, wenn ich dich habe. Du bist so hübsch. Und ich bin dir so gut."

„Ach, Narretei. Was soll ich noch bei dir?"

„Ich will dich noch ansehen. Mir ist immer so wohl und so weh, wenn ich dich ansehe. Und weißt du, Grete, wenn du groß bist, da musst du meine Braut werden."

„Deine Braut?"

„Ja, meine Braut. Und dann heirat ich dich."

„Und was machst du dann mit mir?"

„Dann stell ich dich immer auf diesen Himbeerzaun und sage: spring; und dann springst du und ich fange dich auf, und ..."

„Und?"

„Und dann küss ich dich."

Sie sah ihn schelmisch an und sagte: „Wenn das wer hörte! Emrentz oder Trud..."

„Ach Trud und immer Trud. Ich kann sie nicht leiden. Und nun komm und setz dich."

Er hatte diese Worte vor dem Laubeneingang gesprochen, an dessen rechter Seite eine Art Gartenbank war, ein kleiner niedriger Sitzplatz, den er sich aus vier Pflöcken und einem darüber gelegten Brett selbst zurechtgezimmert hatte. Er liebte den Platz, weil er sein Eigen war und nach dem Nachbargarten hinüber sah.

„Setz dich", wiederholte er, und sie tat's und er rückte neben sie. So verging eine Weile. Dann zog er einen Malvenstock aus der Erde und malte Buchstaben in den Sand.

„Lies", sagte er. „Kannst du's?"

„Nein."

„Dann muss ich dir sagen, Grete, dass du deinen eignen Namen nicht lesen kannst. Es sind fünf Buchstaben und es heißt Grete."

„Ach, griechisch", lachte diese. „Nun merk ich erst; ich soll dich bewundern. Hatt' es ganz vergessen. Du gehörst ja zu den sieben, die seit Ostern zum alten Gigas gehen. Ist er denn so streng?"

„Ja und nein."

„Er sieht einen so durch und durch. Und seine roten Augen, die keine Wimpern haben..."

„Lass nur", beruhigte Valtin. „Gigas ist gut. Es muss nur kein Calvin'scher sein oder kein Kathol'scher. Da wird er gleich bös, und Feuer und Flamme."

„Ja, sieh, das ist es ja eben..."

Valtin malte mit dem Stocke weiter. Endlich sagte er: „Ist es denn wahr, dass deine Mutter eine Kathol'sche war?"

„Gewiss war sie's."

„Und wie kam sie denn ins Land und in euer Haus?"

„Das war als mein Vater in Brügge war, da sind viele Span'sche. Kennst du Brügge?"

„Freilich kenn ich's. Das ist ja die Stadt, wo sie die beiden Grafen enthauptet haben."

„Nein, nein. Das verwechselst du wieder. Du verwechselst auch immer. Weißt du noch... Ananias und Aeneas?! Aber das war damals, als du noch nicht bei Gigas warst... Ach, bei Gigas! Und nun soll ich auch hin, denn ich werde ja vierzehn, und Trud ist bei ihm gewesen, wegen Unterricht und Firmung, und hat es alles besprochen... Aber sieh, ihr habt ja noch Kirschen an eurem Baum. Und wie dunkel sie sind! Nur zwei. Die möcht ich haben."

„Es ist zu hoch oben; da können bloß die Vögel hin. Aber lass sehen, Gret, ich will sie dir doch holen, ... wenn..."

5

„Wenn?"

„Wenn du mir einen Kuss geben willst. Eigentlich müsstest du's. Du bist mir noch einen schuldig."

„Schuldig?"

„Ja. Von Silvester."

„Ach, das ist lange her. Da war ich noch ein Kind."

„Lang oder kurz. Schuld ist Schuld."

„Und bedenke, dass ich morgen zu Gigas komme..."

„Das ist erst morgen."

Und ehe sie weiter antworten konnte, schwang er sich in den Baum und kletterte rasch und geschickt bis in die Spitze, die sofort heftig zu schwanken begann.

„Um Gott, du fällst", rief sie hinauf; er aber riss den Zweig ab, an dem die zwei Kirschen hingen und stand im Nu wieder auf dem untersten Hauptast, an dem er sich jetzt, mit beiden Knien einhakend, waagerecht entlangstreckte.

„Nun pflücke", rief er und hielt ihr den Zweig entgegen. „Nein, nein, nicht so. Mit dem Mund..."

Und sie hob sich auf die Fußspitzen, um nach seinem Willen zu tun. Aber im selben Augenblicke ließ er die Kirschen fallen, bückte sich mit dem Kopf und gab ihr einen herzhaften Kuss.

Das war zu viel. Erschrocken schlug sie nach ihm und lief auf die Gartenleiter zu, die dicht an der Stelle stand, wo sie das Gespräch zwischen den Himbeerbüschen gehabt hatten. Erst als sie die Sprossen hinauf war, hatte sich ihr Zorn wieder gelegt, und sie wandte sich und nickte dem noch immer verdutzt Dastehenden freundlich zu. Dann bog sie die Zweige voneinander und sprang leicht und gefällig in den Garten ihres eigenen Hauses zurück.

2.
Trud und Emrentz

In den Gärten war alles still, und doch waren sie belauscht worden. Eine schöne, junge Frau, Frau Trud Minde, modisch gekleidet, aber mit strengen Zügen, war, während die beiden noch plauderten, über den Hof gekommen und hatte sich hinter einem Weinspalier versteckt, das den geräumigen, mit Gebäuden umstandenen Minde'schen Hof von dem etwas niedriger gelegenen Garten trennte. Sechs Stufen führten hinunter. Nichts war ihr hier entgangen, und die widerstreitendsten Gefühle, nur keine freundlichen, hatten sich in ihrer Brust gekreuzt. Grete war noch ein Kind, so sagte sie sich, und alles, was sie von ihrem Versteck aus gesehen hatte, war nichts als ein kindisches Spiel. Es war nichts und es bedeutete nichts. Und doch, es war Liebe, *die* Liebe, nach der sie sich selber sehnte, und an der ihr Leben arm war bis diesen Tag. Sie war nun eines reichen Mannes ehelich Weib; aber nie, so weit sie zurückdenken mochte, hatte sie lachend und plaudernd auf einer Gartenbank gesessen, nie war ein frisches, junges Blut um ihretwillen in einen Baumwipfel gestiegen und hatte sie dann kindlich unschuldig umarmt und geküsst. Das Blut stieg ihr zu Kopf, und Neid und Missgunst zehrten an ihrem Herzen.

Sie wartete, bis Grete wieder diesseits war, und ging dann raschen Schrittes über den Hof auf Flur und Straße zu, um nebenan ihre Muhme Zernitz, des alten Ratsherrn Zernitz zweite Frau und Valtins Stiefmutter, aufzusuchen. In der Tür des Nachbarhauses traf sie Valtin, der beiseite trat, um ihr Platz zu machen. Denn sie war in Staat, in hoher Stehkrause und goldener Kette.

„Guten Tag, Valtin. Ist Emrentz zu Haus? Ich meine deine Mutter."

„Ich denke, ja. Oben."

„Dann geh hinauf und sag ihr, dass ich da bin."

„Geh nur selbst. Sie hat es nicht gern, wenn ich in ihre Stube komme."

Es klang etwas spöttisch. Aber Trud, erregt wie sie war, hatte dessen nicht Acht und ging, an Valtin vorüber, in den ersten Stock hinauf, dessen große Hinterstube der gewöhnliche Aufenthalt der Frau Zernitz war. Das nach vorn zu gelegene Zimmer von gleicher Größe, das keine Sonne, dafür aber viele hohe Lehnstühle und grün-verhangene Familienbilder hatte, war ihr zu trist und öde. Zudem war es das Wohn- und Lieblingszimmer der ersten Frau Zernitz gewesen, einer steifen und langweiligen Frau, von der sie lachend als von ihrer „Vorgängerin im Amt" zu sprechen pflegte.

Trud, ohne zu klopfen, trat ein und war überrascht von dem freundlichen Bilde, das sich ihr darbot. Alle drei Flügel des breiten Mittelfensters standen auf, die Sonne schien, und an dem offenen Fenster vorbei schossen die Schwalben. Über die Kissen des Himmelbetts, dessen hellblaue Vorhänge zurückgeschlagen waren, waren Spitzentücher gebreitet, und vom Hofe herauf hörte man das Gackern der Hühner und das helle Krähen des Hahns.

„Ei, Trud", erhob sich Emrentz und schritt von ihrem Fensterplatz auf die Muhme zu, um diese zu begrüßen. „Zu so früher Stunde. Und schon in Staat! Lass doch sehen. Ei, das ist ja das Kleid, das du den Tag nach deiner Hochzeit trugst. Wie lange ist es? Ach, als ich dir damals gegenüber saß, und Zernitz neben mir, und die grauen Augen der guten, alten Frau Zernitz immer größer und immer böser wurden, weil er mir seine Geschichten erzählte, die kein Ende hatten, und immer so herzlich lachte, dass ich zuletzt auch lachen musste, aber über *ihn,* da dacht' ich nicht, dass ich zwei Jahre später an diesem Fenster sitzen und *auch* eine Frau Zernitz sein würde."

„Aber eine andere."

„Gott sei Dank, eine andere . . . Komm, setz dich . . . Und ich glaube, Zernitz denkt es auch. Denn Männer in zweiter Ehe, musst du wissen, das sind die besten. Das Erst ist, dass sie die erste Frau vergessen, und das Zweit ist, dass sie alles tun, was wir wollen. Und das ist die Hauptsache. Ach Trud, es ist zum Lachen; sie schämen sich ordentlich und entschuldigen sich vor uns, schon eine erste gehabt zu haben. Andre mögen anders sein; aber für meinen alten Zernitz bürg ich, und wäre nicht der Valtin . . ."

„Um *den* eben komm ich", unterbrach Trud, die der Muhme nur mit halbem Ohr gefolgt war, „um eben deinen Valtin. Höre, das hat sich ja mit der Gret, als ob es Braut und Bräutigam wäre. Er muss aus dem Haus. Und ich denke, du wirst ihn missen können."

„Lass doch. Es sind ja Kinder."

„Nein; es sind nicht Kinder mehr. Valtin ist sechzehn oder wird's, und Gret ist über ihre Jahre, und hat's von der Mutter."

„Nicht doch. Ich war ebenso."

„Das ist dein Sach, Emrentz."

„Und dich verdrießt es", lachte diese.

„Ja, mich verdrießt es; denn es gibt einen Anstoß im Haus und in der Stadt. Und ich mag's und will's nicht. Du hast einen leichten Sinn, Emrentz, und siehst es nicht, weil du zu viel in den Spiegel siehst. Lache nur; ich weiß es wohl, er will es; alle Alten wollen's, und du sollst dich putzen und seine Puppe sein. Aber ich, ich seh um mich, und was ich eben gesehen hab . . . Emrentz, mir schlägt noch das Herz. Ich komme von Gigas und suche Greten und will ihr sagen, dass sie sich vorbereitet und ernst wird in ihrem Gemüt, da find ich sie – nun rate wo? Im Garten zwischen den Himbeerbüschen. Und wen mit ihr? Deinen Valtin . . ."

„Und er gibt ihr einen Kuss. Ach Trud, ich hab's ja mit angesehn, alles, hier von meinem Fenster, und musst' an alte Zeiten denken, und an den Sommer, wo ich auch dreizehn war und mit Hans Hensen Versteckens spielte und eine geschlagene Glockenstunde hinter dem Rauchfang saß, Hand in Hand und immer nur in Sorge, dass wir zu früh gefunden, zu früh in unserem Glücke gestört werden könnten. Lass doch, Trud, und gönn's ihnen. 's ist nichts mit alter Leute Zärtlichkeiten, und ich wollt', ich stünde wieder, wie heute die Grete stand. Es war so hübsch und ich hatt' eine Freude dran. Nun bin ich dreißig und er ist doppelt so alt. Hätt ich noch vier Jahre gewartet, höre Trud, ich glaube fast, ich hätte besser zu dem Jungen als zu dem Alten gepasst. Sieh nicht so bös drein und bedenk, es trifft's nicht jeder so gut wie du. Gleich zu gleich und jung zu jung."

„Jung zu jung!", sagte diese bitter. „Es geht ins dritte Jahr, und unser Haus ist öd und einsam."

„Alt oder jung, wir müssen uns eben schicken, Trud", und dabei nahm Emrentz ihrer Muhme Arm und schritt mit ihr in dem geräumigen Zimmer auf und ab. „Mein Alter ist zu jung, und dein Junger ist zu alt; und so haben wir's gleich, trotzdem uns der Schuh an ganz verschiedenen Stellen drückt. Nimm's leicht, und wenn du das Wort nicht leiden kannst, so sei wenigstens billig und gerecht. Wie liegt's denn? Höre Trud, ich denke, wir haben nicht viel eingesetzt und dürfen nicht viel fordern. Hineingeheiratet haben wir uns. Und war's denn besser, als wir mit fünfundzwanzig, oder war's noch ein Jahr mehr, auf dem Gardelegener Marktplatz saßen und gähnten und strickten und von unsrem Fenster aus den Bauerfrauen die Eier in der Kiepe zählten? Jetzt kaufen wir sie wenigstens und leben einen guten Tag. Und das Sprichwort sagt, man kann nicht alles haben. Was fehlt, fehlt. Aber dir zehrt's am Herzen, dass dir nichts Kleines in der Wiege schreit, und du versuchst es nun mit Gigas und mit Predigt und Litanei. Aber das hilft zu nichts und hat noch keinem geholfen. Halte dich ans Leben; *ich* tu's, und getröste mich mit der Zukunft. Und wenn der alte Zernitz eine zweite Frau nahm, warum sollt ich nicht einen zweiten Mann nehmen? Da hast du meine Weisheit und warum es mir gedeiht. Lache mehr und bete weniger."

Es schien, dass Trud antworten wollte, aber in diesem Augenblick hörte man deutlich von der Straße her das Schmettern einer Trompete und dazwischen Paukenschläge. Es kam immer näher, und Emrentz sagte: „Komm, es müssen die Puppenspieler sein. Ich sah sie schon gestern auf dem Anger, als ich mit meinem Alten aus dem Lorenzwäldchen kam." Und danach gingen beide junge Frauen in das Frau Zernitz'sche Vorderzimmer mit den hohen Lehnstühlen und den verhangenen Familienbildern und stellten sich an eins der Fenster, das sie rasch öffneten.

Und richtig, es waren die Puppenspieler, zwei Männer und eine Frau, die, bunt und phantastisch aufgeputzt, ihren Umritt hielten. Hunderte von Neugierigen drängten ihnen nach. Es war ersichtlich, dass sie nicht hier, sondern erst weiter abwärts, an einem unmittelbar am Markte gelegenen Eckhause zu halten gedachten, als aber der zur Rechten Reitende, der lange, gelb und schwarz gestreifte Trikots und ein schwarzes, eng anliegendes Samt- und Atlaskollet trug, der beiden jungen Frauen gewahr wurde, hielt er sein Pferd plötzlich an und gab ein Zeichen, dass der die Pauke rührende hagere Hanswurst, dessen weißes Hemd und spitze Filzmütze bereits der Jubel aller Kinder waren, einen Augenblick schweigen sollte. Zugleich nahm er sein Barett ab und grüßte mit ritterlichem Anstand zu dem Fenster des Zernitz'schen Hauses hinauf. Und nun erst begann er: „Heute Abend sieben Uhr, mit hoher obrigkeitlicher Bewilligung, auf dem Rathause hiesiger kurfürstlicher Stadt Tangermünde: *Das Jüngste Gericht.*"

Dies Wort wurde, während der schwarz und gelb Gestreifte die Trompete hob, von einem ungeheuern Paukenschlage begleitet.

„Das Jüngste Gericht! Großes Spiel in drei Abteilungen, so von uns gespielet worden vor Ihren christlichen Majestäten, dem römischen Kaiser und König und dem Könige von Ungarn und Polen. Desgleichen vor allen Kurfürsten und Fürsten deutscher Nation. Worüber wir Zeugnisse haben allerdurchlauchtigster Satisfaktion. Das Jüngste Gericht! Großes Spiel in drei Abteilungen, mit Christus und Maria samt dem Lohn aller Guten und der Verdammnis aller Bösen. Dazu beides, Engel und Teufel, und großes Feuerwerk, aber ohne Knall und Schießen und sonstige Fährlichkeit, um nicht ,denen schönen Frauen', so wir zu sehen hoffen, irgendwie störend oder missfällig zu sein."

Und nun wieder Paukenschlag und Trompetenstoß, und auf den Marktplatz zu nahm der Umritt seinen Fortgang, während der Puppenspieler im Trikot noch einmal zu dem Zernitz'schen Hause hinaufgrüßte. Auch die dunkelfarbige Frau, die zwischen den beiden anderen zu Pferde saß, verneigte sich. Sie schien groß und stattlich und trug ein Diadem mit langem schwarzem Schleier, in den zahllose Goldsternchen eingenäht waren.

„Gehst du heute?", fragte Emrentz.

„Nein. Nicht heut und nicht morgen. Es widersteht mir, Gott und Teufel als bloße Puppen zu sehen. Das Jüngste Gericht ist kein Spiel, und ich begreif unsre Ratmannen nicht, und am wenigsten unsern alten Peter Guntz, der doch sonst ein christlicher Mann ist. Heiden und Türken sind's. Sahst du die Frau? Und wie der lange schwarze Schleier ihr vom Kopfe hing?"

„Ich gehe doch", lachte Emrentz.

Damit trennten sich die Frauen, und Trud, unzufrieden über das Gespräch und das Scheitern ihrer Pläne, kehrte noch übellauniger als sie gekommen in das Minde'sche Haus zurück.

3.
Das „Jüngste Gericht" und was weiter geschah

In jener Stille, wie sie dem Minde'schen Hauswesen eigen war, verging der Tag; nur der Pfauhahn kreischte von seiner Stange, und aus dem Stallgebäude her hörte man das Stampfen eines Pferdes, eines schönen, flandrischen Tieres, das der alte Minde, bei Gelegenheit seiner zweiten Heirat, aus den Niederlanden mit heimgebracht hatte. Das war nun fünfzehn Jahre; es war alt geworden wie sein Herr, aber hatte bessere Tage als dieser.

Grete hatte gebeten, das Puppenspiel im Rathaus besuchen zu dürfen, und es war ihr, allem Abmahnen Trud's unerachtet, von ihrem Vater, dem alten Minde, gestattet worden, nachdem dieser in Erfahrung gebracht hatte, dass auch Emrentz und Valtin und der alte Zernitz selbst dem Spiele beiwohnen würden. Lange vor sieben Uhr hatte man Greten abgeholt, und in breiter Reihe, als ob sie zusammen gehörten, schritten jetzt alle gemeinschaftlich auf das Rathaus zu. Die Freitreppe, die hinaufführte, war mit Neugierigen besetzt, auch mit solchen, die drinnen ihre Plätze hatten und nur wieder ins Freie getreten waren, um so lange wie möglich noch der frischen Luft zu genießen. Denn in dem niedrig gewölbten Saale war es stickig, und kein anderes Licht fiel ein, als ein gedämpftes von Flur und Treppe her. In der zweiten Reihe waren ihnen, unter Beistand eines alten Stadt- und Ratsdieners, einige Mittelplätze frei gehalten worden, auf denen sie bequemlich Platz nahmen, erst Zernitz selbst und Emrentz, dann Valtin und Grete. Das war auch die Reihenfolge, in der sie saßen. Grete war von Anfang an nur Aug und Ohr, und als Emrentz ihr aus einem Sandelkästchen allerhand Süßigkeiten bot, wie sie damals Sitte waren, überzuckerte Frucht und kleine Theriakkügelchen, dankte sie und weigerte sich, etwas zu nehmen. Valtin sah es und flüsterte ihr zu: „Fürchtest du dich?"

„Ja, Valtin. Bedenke, das Jüngste Gericht."

„Wie kannst du nur? Es sind ja Puppen."

„Aber sie bedeuten was, und ich weiß doch nicht, ob es recht ist."

„Das hat dir Trud ins Gewissen gered't", lachte Emrentz, und Grete nickte.

„Glaub ihr nicht; es ist 'ne fromme Sach. Und in Stendal haben sie's in der Kirchen gespielt." Und dabei nahm Emrentz eine von den kandierten Früchten und drückte den Stängel in ihres Alten große Sommersprossenhand. Der aber nickte ihr zärtlich zu, denn er nahm es für Liebe.

Während dieses Gesprächs hatte sich der Saal auf allen Plätzen gefüllt. Viele standen bis nach dem Ausgange zu, vor den Zernitzens aber saß der alte Peter Guntz, der schon zum vierten Male Burgemeister war und den sie um seiner Klugheit und Treue willen immer wieder wählten, trotzdem er schon an die achtzig zählte. „Das ist ja Grete Minde", sagte er, als er des Kindes ansichtig wurde. „Sei brav, Gret." Und dabei sah er sie mit seinen kleinen und tief liegenden Augen freundlich an.

Und nun wurd' es still, denn auf dem Rathausturme schlug es sieben, und die Gardine, die bis dahin den Bühnenraum verdeckt hatte, wurde langsam zurückgezogen. Alles erschien anfänglich in grauer Dämmerung, als sich aber das Auge an das Halbdunkel gewöhnt hatte, ließ sich die Herrichtung der Bühne deutlich erkennen. Sie war, der Breite nach, dreigeteilt, wobei sich der treppenförmige Mittelraum etwas größer erwies als die beiden Seitenräume, von denen der eine, mit der schmalen Tür, den Himmel, und der andre, mit der breiten Tür, die Hölle darstellte. Engel und Teufel standen oder hockten umher, jeder auf der ihm zuständigen Seite, während eine hagere Puppe, mit weißem Rock und trichterförmiger Filzmütze, die dem lebendigen Hanswurst des Vormittagsrittes genau nachgebildet schien, zu Füßen der großen Mitteltreppe saß, deren Stufen zu Christus und Maria hinaufführten. Was nur der Hagere hier sollte? Grete fragte sich's und wusste keine Antwort; allen anderen aber war kein Zweifel, zu welchem Zweck er da war und dass ihm oblag, Schergendienste zu tun und die Sonderung in Gut und Böse, nach einer ihm werdenden Ordre, oder vielleicht auch nach eigenem souveränem Ermessen durchzuführen. Und jetzt erhob sich Christus von seinem Thronsessel und gab mit der Rechten das Zeichen, dass das Gericht zu beginnen habe. Ein Donnerschlag begleitete die Bewegung seiner Hand und die Erde tat sich auf, aus der nun, erst langsam und ängstlich, dann aber rasch und ungeduldig allerhand Gestalten ans Licht drängten, die sich, irgendeinem berühmten Totentanz entnommen, unschwer als Papst und Kaiser, als Mönch und Ritter und viel andere noch erkennen ließen. Ihr Hasten und Drängen entsprach aber nicht dem Willen des Weltenrichters, und auf seinen Wink eilte jetzt der sonderbare Scherge herbei, drückte die Toten wieder zurück und schloss den Grabdeckel, auf den er sich nun selber gravitätisch setzte.

Nur zwei waren außerhalb geblieben, ein wohlbeleibter Abt mit einem roten Kreuz auf der Brust und ein junges Mädchen, ein halbes Kind noch, in langem, weißem Kleid und mit Blumen im Haar, von denen einzelne Blätter bei jeder Bewegung niederfielen.

Grete starrte hin; ihr war, als würde sie selbst vor Gottes Thron gerufen, und ihr Herz schlug und ihre zarte Gestalt zitterte. Was wurd' aus dem Kind? Aber ihre bange Frage musste sich noch gedulden, denn der Abt hatte den Vortritt, und Christus, in einem Ton, in dem unverkennbar etwas von Scherz und Laune mitklang, sagte:

        Mönchlein, schau hin, du hast keine Wahl,
        Die schmale Pforte, *dir* ist sie zu schmal.

Und im selben Augenblick ergriff ihn der Scherge und stieß ihn durch das breite Tor nach links hin, wo kleine Flammen von Zeit zu Zeit aus dem Boden aufschlugen.

Und nun stand das Kind vor Christi Thron. Maria aber wandte sich bittend an ihren Sohn und Heiland und sprach an seiner statt:

        Dein Tag war kurz, dein Herze war rein,
        Dafür ist der Himmel dein.
        Geh ein!
        Unter Engeln sollst du ein Engel sein.

Und Engel umfingen sie, und es war ein Klingen wie von Harfen und leisem Gesang. Und Grete drückte Valtins Hand. Unter allen Anwesenden aber herrschte die gleiche Befriedigung, und der alte Zernitz flüsterte: „Hör, Emrentz, *der* versteht's. Ich glaube jetzt, dass er vor Kaiser und Reich gespielt hat."

Und das Spiel nahm seinen Fortgang.

*

Inzwischen, es hatte zu dunkeln begonnen, waren die Mindes in dem rechts neben der Flurtür gelegenen Unterzimmer versammelt und nahmen an einem Tische, der nur zur Hälfte gedeckt war, ihre Abendmahlzeit ein. Der alte Jakob Minde hatte den Platz an der einen Schmalseite des Tisches, während Trud und Gerdt, seine Schwieger und sein Sohn, an den Längsseiten einander gegenübersaßen, Trud steif und aufrecht, Gerdt bequem und nachlässig in Kleidung und Haltung. In allem der Gegenpart seines Weibes; auch seines Vaters, der trotz eines Zehrfiebers, an dem er litt, aus einem starken Gefühle dessen, was sich für ihn zieme, die Schwäche seines Körpers und seiner Jahre bezwang.

Es schien, dass Trud ihre schon vormittags gegen Emrentz gemachten Bemerkungen über das Puppenspiel eben wiederholt hatte, denn Jakob Minde, während er einzelne von den großen

Himbeeren nahm, die, wie er es liebte, mit den Stielchen abgepflückt worden waren, sagte: „Du bist zu streng, Trud, und du bist es, weil du nur unser Tangermündisch Tun und Lassen kennst. Und in Alt-Gardelegen ist es nicht anders. Aber draußen in der Welt, in den großen Ländern und Städten, da wagt sich die Kunst an alles Höchste und Heiligste, und sie haben fromme und berühmte Meister, die nie andres gedacht und gedichtet und gemalt und gemeißelt haben, als die Glorie des Himmels und die Schrecknisse der Hölle."

„Ich weiß davon, Vater", sagte Trud ablehnend. „Ich habe solche Bilder in unsrer Gardelegner Kirche gesehn, aber ein Bild ist etwas andres als eine Puppe."

„Bild oder Puppe", lächelte der Alte. „Sie wollen dasselbe, und das macht sie gleich."

„Und doch, Vater, mein ich, ist ein Unterschied, ob ein frommer und berühmter Meister, wie du sagst, eine Schilderei malt zur Ehre Gottes, oder ob ein unchristlicher Mann, mit einem Türkenweib und einem Pickelhering, Gewinnes halber über Land zieht und mit seinem Spiel die Schenken füllt und die Kirchen leert."

„Ah, kommt es daher?", lachte Gerdt und streckte sich noch bequemer in seinem Stuhl. „*Daher* also. Warst heut in der Pfarr, und da haben wir nun den Pfarrwind. Ja, das ist Gigas; er bangt um sich und seine Kanzel. Und nun gar das Jüngste Gericht! Das ist ja sein eigener Acker, den er am besten selber pflügt. So wenigstens glaubt er. Weiß es Gott, ich hab ihn nie sprechen hören, auch nicht bei Hochzeit und Kindelbier, ohne dass ein höllisch Feuer aus irgendeinem Ritz oder Ritzchen aufgeschlagen wär. Und nun kommt dieser Puppenspieler und tut's ihm zuvor und brennt uns ein wirkliches Feuerwerk ..."

Er konnte seinen Satz nicht enden, denn in eben diesem Augenblicke hörten sie, vom Marktplatze her, einen dumpfen Knall, der so heftig war, dass alles Gerät im Zimmer in ein Klirren und Zittern kam; und eh sie noch einander fragen konnten, was es sei, wiederholten sich die Schläge, dreimal, viermal, aber schwächer. Trud erhob sich, um auf die Straße zu sehn, und ein dicker Qualm, der sich in Höhe der gegenübergelegenen Häuser hinzog, ließ keinen Zweifel, dass bei den Puppenspielen ein Unglück geschehen sein müsse. Flüchtig Vorübereilende bestätigten es, und Trud, indem sie sich ins Zimmer zurückwandte, sagte triumphierend: „Ich wusst' es: Gott lässt sich nicht spotten." Auf Gerdt's blassem und gedunsenem Gesicht aber wechselten Furcht und Verlegenheit, wodurch es nicht gewann, während der alte Minde sein Käpsel abnahm und mit halblauter Stimme die Barmherzigkeit Gottes und den Beistand aller Heiligen anrief. Denn er war noch aus den katholischen Zeiten her. In einem Anfluge von Teilnahme war Trud, die sonst gern ihre herbe Seite herauskehrte, an den Alten herangetreten und hatte ihre Hand auf die Rückenlehne seines Stuhls gelegt; als sie aber den Namen Gretens zum dritten Mal aus seinem Munde hörte, wandte sie sich wieder ab und schritt unruhig und übellaunig im Zimmer auf und nieder. Man sah, dass sie fremd in diesem Hause war und keine Gemeinschaft mit den Mindes hatte.

Sie war eben wieder ans Fenster getreten und sah nach dem Marktplatze hin, als sie plötzlich, inmitten einer Gruppe, Greten selbst erkannte, die, mit einem Stücke Zeug unter dem Kopf, auf einer Bahre herangetragen wurde. War sie tot? Es war oft ihr Wunsch gewesen; aber dieser Anblick erschütterte sie doch. „Gott, Grete!", rief sie und sank in einen Stuhl.

Die Träger hatten mittlerweile die Bahre niedergesetzt und trugen das schöne Kind, dessen Arme schlaff herabhingen, von der Straße her ins Zimmer. „Hier", sagte Gerdt, als er die Leute verlegen und unschlüssig dastehen sah, und wies auf eine mit Kissen überdeckte Truhe. Und auf eben diese legten sie jetzt die scheinbar Leblose nieder. Mit ihnen war auch die alte Regine, die Pflegerin Gretens, jammernd und weinend eingetreten und beruhigte sich erst, als nach Besprengen mit frischem Wasser ihr Liebling die Augen wieder aufschlug.

„Wo bin ich?", fragte Grete. „Ach – nicht in der Hölle!"

„Gott, mein süß Gretel", zitterte Regine hin und her. „Was sprichst du nur? Du bist ja ein gutes und liebes Kind. Und ein gutes und liebes Kind, das kommt in den Himmel. Aber das ist auch noch nicht, noch lange nicht. Du kommst auch noch nicht in den Himmel. Du bist noch bei uns. Gott sei Dank, Gott sei Dank! So sieh doch, sieh doch, ich bin ja deine alte Regine."

Die Träger standen noch immer verlegen da, bis der alte Minde sie bat, ihm zu erzählen, was vorgefallen sei. Aber sie wussten nicht viel, da sie wegen des großen Andrangs nur draußen auf der Treppe gewesen waren. Sie hatten nur gehört, dass, gegen den Schluss hin, ein brennender Papierpfropfen in das mit Schwärmern und Feuerrädern angefüllte Vorratsfass des Puppenspielers gefallen sei, und dass es im selben Augenblick einen Schlag und gleich darauf ein furchtbar Menschengedränge gegeben habe. In dem Gedräng aber seien zwei Frauen und ein sechsjährig Kind elendiglich ums Leben gekommen.

Grete richtete sich auf, ersichtlich, um zu sprechen und den

Bericht nach ihrem eigenen Erlebnis zu vervollständigen; als sie aber ihrer Schwieger ansichtig wurde, wandte sie sich ab und sagte: „Nein, ich mag nicht."

Trud wusste wohl, was es war. Sie nahm deshalb ihres Mannes Hand und sagte: „Komm. Es ist besser, Grete bleibt allein. Wir wollen in die Stadt gehen und sehen, wo Hülfe Not tut." Und damit gingen beide.

Als sie fort waren, wandte sich Grete wieder und sagte, ohne dass es einer neuen Aufforderung bedurft hätte: „Ja, so war es. Der Hagre mit den Schlackerbeinen und der hässlichen, spitzen Filzmütze bat Ihn eben, dass Er ihm als einen Bringerlohn eine von den Seelen wieder freigeben sollte – da gab es einen Knall, und als ich mich umsah, sah ich, dass alles nach der Türe hindrängte. Denn da, wo das Spiel gewesen war, war alles Rauch und Qualm und Feuer. Und ich dachte, der letzte Tag sei da. Und Emrentz hatte mich bei der Hand genommen und zog mich mit sich fort. Aber mit einem Male war ich von ihr los und da stand ich nun und schrie, denn es war, als ob sie mich erdrückten, und zuletzt hatt' ich nicht Luft und Atem mehr. Da packte mich Valtin von hinten her und riss mich aus dem Gedränge heraus und in den Saal zurück. Und ich meinte, dass er irre geworden, und so wollt' ich wieder in den Knäuel hinein. Er aber zwang mich auf eine Bank nieder und hielt mich mit beiden Händen fest. ‚Willst du mich morden?', rief ich. ‚Nein, retten will ich dich.' Und so hielt er mich, bis er sehen mochte, dass das Gedränge nachließ. Und nun erst nahm er mich auf seinen Arm und trug mich über den Vorplatz und die Treppe hinunter, bis wir unten auf dem Marktplatz waren. Da schwanden mir die Sinne. Und was weiter geschehen, weiß ich nicht. Aber das weiß ich, dass ich ohne Valtin erdrückt oder verbrannt oder vor Angst gestorben wäre."

Der alte Minde war an einen Schrank getreten, um von seinem Melissengeist, den er noch bei den Brügger Karmeliterinnen erstanden hatte, ein paar Tropfen in ein Spitzglas mit Wein und Wasser zu tun. Grete nahm es; und als eine halbe Stunde später Trud und Gerdt von ihrem Ausgange zurückkehrten, versicherte sie, kräftig genug zu sein, um ohne Beistand in ihre hohe Giebelstube hinaufsteigen zu können.

4.
Regine

Diese Giebelstube teilte sie mit der alten Regine, die von lange her das Minde'sche Hauswesen führte. Freilich, seit Trud da war, war es anders geworden, aber zu niemandes rechter Zufriedenheit. Am wenigsten zur Zufriedenheit der alten Regine. Diese setzte sich jetzt an das Bett ihres Lieblings, und Grete sagte: „Weißt du, Regine, Trud ist böse mit mir."

Regine nickte.

„Und darum konnt' ich's nicht sagen", fuhr Grete fort, „ich meine das von dem Valtin und dass er mich aus dem Feuer herausgetragen; und sie merkte wohl, was es war und warum ich schwieg und mich abwandte. Denke nur, ich soll nicht mehr sprechen mit ihm. Ja, so will sie's; ich weiß es von ihm selbst; er hat mir's heute gesagt. Und er hat es von der Emrentz. Aber die hat gelacht. Höre, Regine, der Emrentz könnt ich gut sein. Wenn ich doch eine Mutter hätte wie *die*! Ach, meine Mutter! Glaubst du nicht, dass sie mich lieb hätte?"

„Das hätte sie", sagte Regine und fuhr sich mit der Hand über das Auge; „das hätte sie. Jede Mutter hat ihr Kind lieb und *deine* Mutter – ach, ich mag es gar nicht denken. Ja, mein Gretelchen, da hätten wir andre Tage, du und ich. Und der Vater auch. Er ist jetzt krank, und Trud ist hart mit ihm und glaubt es nicht. Aber ich weiß es, und weiß schon, was ihm fehlt; ein Herz fehlt ihm, und das ist es, was an ihm nagt und zehrt. Ja, deine Mutter fehlt ihm, Gret. Er war nicht mehr jung, als er sie von Brügg' her ins Haus bracht', aber er liebte sie so, und das musst' er auch, denn sie war wie ein Engel. Ja, so war sie."

„Und wie sah sie aus? Sage mir's."

„Ach, du weißt es ja. Wie du. Nur hübscher, so hübsch du bist. Denn es ist, als ob du das blasse Bild von ihr wärst. Und so war es gleich den ersten Tag, als dein Vater dich auf den Arm nahm und sagte: ,Sieh, Gerdt, das ist deine Schwester.' Aber er wollte dich nicht sehn. Und als ich ihm zuredete und sagte: ,Sieh doch nur ihre schwarzen Augen; die hat sie von der Mutter, da lief er fort und sagte: ,von *ihrer* Mutter. Aber das ist nicht meine'."

„Und wie war denn *seine* Mutter? Hast du sie noch gekannt?"

„O gewiss."

„Und war sie schöner?"

„Ach, was du nur frägst, Gretel. Schöner als deine Mutter? Schöner war keine. 's war eine Stendalsche, weiter nichts, und der alte Zernitz, der sie nicht leiden konnt', und immer über sie lachte, wiewohlen sie mit seiner eignen Frau zum Verwechseln war, der sagte: ‚Höre, Regine, sieht sie nicht aus wie der Stendalsche Roland?' Und wahrhaftig, so sah sie auch aus, so steif und so lang und so feierlich. Und auch so schlohweiß, denn sie trug immer selbst gebleichtes Linnen! Und warum trug sie's? Weil sie geizig war; und es sollt' immer mehr und mehr werden. Denn sie war eines reichen Brauherrn Tochter, und alles Geld, das wir haben, das kommt von ihr."

„Und hatte sie der Vater auch lieb?"

„Ich hab ihm nicht ins Herz gesehen. Aber ich glaub's nicht recht. Denn sieh, sie hatte keine Liebe, und wer keine Liebe hat, der find't auch keine. Das ist so Lauf der Welt, und es war just so, wie's mit der Trud ist. Aber ein Unterschied ist doch. Denn unsre Trud, obwohlen sie mir das gebrannte Herzeleid antut, ist doch hübsch und klug und weiß, was sie will, und passt ins Haus und hat eine vornehme Art. Das haben so die Gardelegenschen. Aber die Stendalsche, die hatt' es nicht und hat keinem was gegönnt und passte *nicht* ins Haus, und wäre nicht der Grabstein mit der langen Inschrift, es wüsste keiner mehr von ihr. Auch Gigas nicht. Und zu dem hielt sie sich doch und ging in die Beichte."

„Und zu *dem* soll ich nun auch gehen, Regine; morgen schon. Trud ist bei ihm gewesen, und das Spielen und Klettern soll nun ein End haben, und ich soll vernünftig werden, so sagen sie. Aber ich fürchte mich vor Gigas. Er sieht einen so durch und durch, und mir ist immer, als mein er, ich verstecke was in meinem Herzen und sei noch katholisch von der Mutter her."

„Oh, nicht doch, Gret. Er hat dich ja selber getauft. Und jeden Sonntag bist du zur Kirch und singst Doktor Lutheri Lieder, und singst sie, wie sie Gigas nicht singen kann. Ich hör immer deine feine kleine Stimme. Nein, nein, lass nur und ängst'ge dich nicht. Er meint es gut. Und nun schlaf, und wenn du von dem Puppenspiele träumst, so gib Acht, mein Gretel, und träume von der Seite, wo die Engel stehn."

Und damit wollte sie nebenan in ihre Kammer gehen. Aber sie kehrte noch einmal um und sagte: „Und weißt du, Grete, der Valtin ist doch ein guter Jung. Alle Zernitzens sind gut ... Und von dem Valtin darfst du *auch* träumen. Ich erlaub es dir, *ich*, deine alte Regine."

5.
Grete bei Gigas

Es war den andern Vormittag und von Sankt Stephan schlug es eben zehn, als Trud und Grete die Lange Straße hinaufgingen. Trotz früher Stunde brannte die Sonne schon, und beide standen unwillkürlich still und atmeten auf, als sie den schattigen Lindengang erreicht hatten, der, an der niedrigen Kirchhofsmauer entlang, auf das Predigerhaus zulief. Auch dieses Haus selber lag noch unter alten Linden versteckt, in denen jetzt viele Hunderte von Sperlingen zwitscherten. Eine alte Magd, als die Glocke das Zeichen gegeben, kam ihnen von Hof oder Küche her entgegen, und wies, ohne gegrüßt oder gefragt zu haben, nach links hin auf die Studierstube. Wusste sie doch, dass Frau Trud immer willkommen war.

Es war ein sehr geräumiges Zimmer, mit drei großen und hohen Fenstern, ohne Vorhänge, wahrscheinlich, um das wenige Licht, das die Bäume zuließen, nicht noch mehr zu verkümmern. An den Wänden hin liefen hohe Regale mit hundert Bänden in braun und weißem Leder, während an einem vorspringenden Pfeiler, gerade der Tür gegenüber, ein halblebensgroßes Kruzifix hing, das auf einen langen, eichenen Arbeitstisch herniedersah. Auf diesem Tische, zwischen aufgeschlagenen Büchern und zahlreichen Aktenstößen, aber bis an die Kruzifixwand zurückgeschoben, erhob sich ein zierliches, fünfstufiges Ebenholztreppchen, das, in beabsichtigtem oder zufälligem Gegensatz, oben einen Totenkopf und unten um seinen Sockel her einen Kranz von roten und weißen Rosen trug. Eigene Zucht. Zehn oder zwölf, die das Zimmer mit ihrem Dufte füllten.

Gigas, als er die Tür gehen hörte, wandte sich auf seinem Drehschemel und erhob sich, sobald er Trud erkannte. „Ich bitt Euch Platz zu nehmen, Frau Minde." Dabei schob er ihr einen Stuhl zu und fuhr in seiner Rede fort: „Das ist also Grete, von der Ihr mir erzählt habt, Eure Schwieger und Euer Kind. Denn Ihr tragt es auf dem Herzen, und sein Wohl und Weh ist auch das Eure. Und das schätz ich an Euch, Frau Minde. Denn der Teufel mit seinen Listen geht immer um, am meisten aber bei der Jugend, und von ihr gilt es doppelt: ‚Wachet und betet, dass ihr nicht in Anfechtung fallet.' Betest du, Grete?"

„Ja, Herr."

„Oft?"

„Jeden Abend."

Er sah, dass Grete zitterte und immer auf Trud blickte, aber nicht um Rat und Trostes willen, sondern aus Scham und Scheu. Und Gigas, der nicht nur das menschliche Herz kannte, sondern sich aus erbitterten Glaubenskämpfen her auch einen Schatz echter Liebe gerettet hatte, wandte sich jetzt an Trud und sagte: „Ich spräche gern allein mit dem Kind. So's Euch gefällt, Frau Minde, wartet auf mich in Hof oder Garten. Ihr wisst den Weg."

Und damit erhob sich Trud und verließ das Zimmer. Grete folgte mit dem Ohr und wurd' erst ruhiger, als sie die schwere Hoftür in den Rollen gehn und wieder zuschlagen hörte.

Auch Gigas hatte gewartet. Nun aber fuhr er fort: „Also jeden Abend betest du, Grete. Das hör ich gern. Aber *was* betest du?"

„Ich bete die sieben Bitten."

„Das ist gut. Und was betest du noch?"

„Ich bet auch einen Spruch, den mich unsre alte Regine gelehrt hat."

„Das ist die Magd, die dich großgezogen, eh deine Schwieger ins Haus kam?"

„Ja, Herr."

„Und wie lautet der Spruch? Ich möcht ihn wohl hören. Denn sieh, Grete, das musst du wissen, ein für alle Mal, so wie wir beten, so sind wir. Es ist schon ein Zeichen, wie der Mensch zum Menschen spricht, aber wie der Mensch zu Gott spricht, das entscheidet über ihn. Da liegt es, gut oder böse. Willst du mir den Spruch sagen? Du musst dich nicht fürchten vor mir. Sammle dich und besinne dich. Sieh, ich will dir auch eine Rose schenken. Da. Und wie gut sie dir kleidet. Du gleichest deiner Mutter, aber nicht in *allem*, denk ich. Denn du weißt doch, dass sie sich zu dem alten Glauben hielt. Und sie mied mich, wenn ich in euer Haus kam. Aber ich habe für sie gebetet. Und nun sage mir deinen Spruch."

„Ich glaube, Herr, es ist ein Lied."

„Auch das ist gut. Spruch oder Lied. Aber beginne."

Und nun faltete Grete die Hände und sagte, während sie zu dem Alten aufsah:

> Himmelwärts
> Richte Gott mein sündig Herz,
> Lass der Kranken und der Armen
> Mich in ihrer Not erbarmen;
> Was ich irdisch gebe hin,
> Ist mir himmlischer Gewinn.

Gigas lächelte. Die Lieblichkeit des Kindes ließ das Feuer, das sonst wohl auf seiner Stirne hoch aufgeschlagen hätte, nicht übermächtig werden, und er sagte nur: „Nein, Grete, das macht es nicht; darin erkenn ich noch die Torheit von den guten Werken. Lernen wir lieber einen andern Spruch. Denn sieh, unsre guten Werke sind nichts und bedeuten nichts, weil all unser Tun sündig ist von Anfang an. Wir haben nichts als den Glauben, und nur eines ist, das sühnet und Wert hat: der Gekreuzigte."

„Ja, Herr ... Ich weiß ... Und ich hab einen Splitter von seinem Kreuz." Und sie zog in freudiger Erregung eine Goldkapsel aus ihrem Mieder.

Gigas war einen Augenblick zurückgetreten und seine roten Augen schienen röter geworden. Aber er sammelte sich auch diesmal rasch wieder und nahm die Kapsel und betrachtete sie. Sie hing an einem Kettchen. In das obere Kapselstück war eine Mutter Gottes in feinen Linien eingegraben, innerhalb aber lag ein rotes Seidenläppchen und in diesem der Splitter. Der Alte knipste das Deckelchen wieder zu und sagte dann ruhig: „Es ist Götzendienst, Grete."

„Ein Andenken, Herr! Ein Andenken von meiner Mutter. Und es ist alles, was ich von ihr hab. Ich habe sie nicht mehr gekannt, Ihr wisst es. Aber Regine hat mir das Kettchen umgehängt, als ich meinen zehnten Geburtstag hatte. So hat sie's der Mutter versprechen müssen, und seitdem trag ich es Tag und Nacht."

„Und ich will es dir nicht nehmen, Grete, *jetzt* nicht. Aber ich denke, der Tag soll kommen, wo du es mir *geben* wirst. Denn verstehe wohl: wir sollen sein Kreuz tragen, aber keinen Splitter von seinem Kreuz, und nicht *auf* unserm Herzen soll es ruhen, sondern *in* ihm. Und nun lass uns gute Freunde sein. Ich sehe, du hast einen offenen Sinn und bist anders, als ich dachte. Aber es geht noch um in dir, und die Regine, mit der ich sprechen will, hat nicht gebührlich gesorgt, den alten Spuk mit seinen Ränken und Listen auszutreiben. Ich denke, Grete, wir wollen die Tenne rein fegen und die Spreu von dem Weizen sondern. Du hast das rechte Herz, aber noch nicht den rechten Glauben, und irrt der Glaube, so irrt auch das Herz. Und nun geh, Grete. Und die Gnade Gottes sei mit dir."

Sie wollte seine Hand küssen, aber er litt es nicht und begleitete sie bis an die Stufen, die von der Diele her zu der Haustür hinaufführten. Hier erst wandt' er sich wieder und ging über Flur und Hof auf den Garten zu, wo Trud, inmitten eines Buchsbaumganges, in stattlicher Haltung auf und nieder schritt. Beide begrüßten einander, und die Magd, die von ihrem Küchenfenster aus sehen konnte, wie der Alte sich aufrichtete und grader ging als gewöhnlich, verzog ihr Gesicht und murmelte vor sich hin: „Nicht zu glauben! – Und ist so alt und so fromm!" Und dabei kicherte sie und ließ an ihrem Lachen erkennen, dass sie den Gedanken in ihrer Seele weiterspann.

Trud und Gigas waren inzwischen den Garten hinaufgegangen und hielten vor einem runden Beet, das mit Rittersporn und gelben Studentenblumen dicht besetzt war. „Ich kann Euch nicht folgen, Frau Trud, in dem, was Ihr mir über das Kind gesagt habt", sagte Gigas. „Ihr verkennt es. Es ist ein verzagtes Herz und kein trotzig Herz. Ich sah, wie sie zitterte, und der Spruch, den sie sagen sollte, wollt' ihr nicht über die Lippen. Nein, es ist ein gutes Kind und ein schönes Kind. Wie die Mutter."

In Trud's Augen zuckte wieder ein gelber Strahl auf, denn sie hörte nicht gern eines andern Lob, und in herbem Tone wiederholte sie: „Wie die Mutter... Ich muss es glauben, dass sie schön war. *Ihr* sagt es und alle Welt sagt es. Aber ich wollte, sie wär es weniger gewesen. Denn damit zwang sie's und hat unser Haus behext und in den alten Aberglauben zurückfallen lassen. So fürcht ich. Und dass ich's offen gesteh, ich traue dem alten Jakob Minde nicht und ich traute der Regine nicht. Und widerstünd es mir nicht, den Horcher und Späher im eigenen Haus zu machen, ich glaube, dass ich noch manches fänd wie Bild und Splitter."

„Saget das nicht, Frau Trud. Euren Vater, den alten Ratsherrn, kenn ich von Beicht und Abendmahl und hab ihn alle Mal treu befunden. So das Unwesen aber im Mindeschen Hause umginge, was Gott in seiner Gnade verhüten wolle, so müsst ich Euch verklagen, Frau Trud, Euch, zu der ich mich alles Besten versehen habe. Denn Ihr beherrschet das Haus. Euer Vater ist alt und Euer Eheherr ist ein Wachs in Eurer Hand, und Ihr wisst es wohl, aller Samen, der vom Unkraut fällt und wuchert, ist ein Unheil und schädigt uns das Korn für unsre himmlischen Scheuren."

Sie hatten ihren Gang um das Rondell herum wieder aufgenommen, aus dessen kleinen dreieckigen Beeten die junge Frau jetzt einzelne Blumen pflückte. Beide schwiegen. Endlich sagte Trud: „Ich beherrsche das Haus, sagt Ihr. Ja, ich beherrsch es, und man gehorcht mir; aber es ist ein toter Gehorsam, von dem das Herz nicht weiß. *Das* trotzt mir und geht seinen eigenen Weg."

„Aber Grete ist ein Kind."

„Ja und nein. Ihr werdet sie nun kennen lernen. Achtet auf ihr Auge. Jetzt schläft es und dann springt es auf. Es ist etwas Böses in ihr."

„In uns allen, Frau Trud. Und nur zwei Dinge sind, es zu bändigen: der Glaube, den wir uns erbitten, und die Liebe, die wir uns erziehn. Liebt Ihr das Kind?"

Und sie senkte den Blick.

6.
Das Maienfest

Ein Jahr beinah war vergangen und die Tangermünder feierten, wie herkömmlich, ihr Maienfest. Das geschah abwechselnd in dem einen oder andern jener Waldstücke, die die Stadt in einem weiten Halbkreis umgaben. In diesem Jahr aber war es im *Lorenzwald*, den die Bürger besonders liebten, weil sich eine Sage daran knüpfte, die Sage von der Jungfrau Lorenz. Mit dieser Sage aber verhielt es sich so. Jungfrau Lorenz, ein Tangermünder Kind, hatte sich in dem großen, flussabwärts gelegenen Waldstück, das damals noch die Elbheide hieß, verirrt, und als der Abend hereinbrach und noch immer kein Ausweg sichtbar wurde, betete sie zur Mutter Gottes, ihr beizustehen und sich ihrer Not zu erbarmen. Und als sie so betete, da nahte sich ihr ein Hirsch, ein hoher Elf-Ender, der legte sich ihr zu Füßen und sah sie an, als spräch er: „Ich *bin* es, besteige mich nur." Und sie bestieg mutig seinen Rücken, weil sie fühlte, dass ihr die Mutter Gottes das schöne Tier in Erhörung ihres Gebetes geschickt habe, und klammerte sich an sein Geweih. Der Hirsch aber trug sie, zwischen den hohen Stämmen hin, aus der Tiefe des Waldes heraus, bis an das Tor und in die Mitte der Stadt. Da blieb er und ließ sich fangen. Und die Stadt gab ihm ein eingehürdet Stück Weideland und hielt ihn in Schutz und Ansehen bis an seinen Tod. Und auch da noch ehrten sie das fromme Tier, das der Mutter Gottes gedient hatte, und brachten sein Geweih nach Sankt Nikolai und hingen es neben dem Altarpfeiler auf. Den Wald aber, aus dem er die Jungfrau hinausgetragen, nannten sie den *Lorenzwald*.

Und dahin ging es heut. Die Gewerke zogen aus mit Musik und Fahnenschwenken, und die Schulkinder folgten, Mädchen und Knaben, und begrüßten den Mai. Und dabei sangen sie:

    Habt ihr es nicht vernommen?
    Der Lenz ist angekommen!
    Es sagen's euch die Vögelein,
    Es sagen's euch die Blümelein.
    Der Lenz ist angekommen!

    Ihr seht es an den Feldern,
    Ihr seht es an den Wäldern;
    Der Kuckuck ruft, der Finke schlägt,
    Es jubelt, was sich froh bewegt,
    Der Lenz ist angekommen!

Und auch Trud und Gerdt, als der Nachmittag da war, hatten in gutem Mute die Stadt verlassen. Grete mit Reginen folgte. Draußen aber trafen sie die Zernitzens, alt und jung, die sich's auf mitgebrachten und umgestülpten Körben bequem gemacht und nun gar noch die Freud und Genugtuung hatten, die jungen Mindes, mit denen sie lieber als mit andern Bürgersleuten verkehrten, an ihrer Seite Platz nehmen zu sehen. Auch Valtin und Grete begrüßten sich, und in kurzem war alles Frohsinn und guter Laune, voran der alte Zernitz, der sich, nach Abtretung seines Platzes an Trud, auf den Rain hingelagert und sein sichtliches und immer wachsendes Gefallen daran hatte, der stattlichen, in vollem Staat erschienenen jungen Frau über ihre Schönheit allerlei Schönes zu sagen. Und diese, hart und herbe wie sie war, war doch Frau genug, sich der Schmeichelrede zu freuen. Emrentz drohte mit Eifersucht und lachte dazwischen, Gerdt summte vor sich hin oder steckte Butterblumenstielchen ineinander, und inmitten von Scherz und Geplauder sah ein jeglicher auf die sonnige Wiese hinaus, wo sich bunte Gruppen um Buden und Karussell drängten, Bürger nach der Taube schossen und Kinder ihren Ringelreihen tanzten. Ihr Singen klang von der großen Linde her herüber, an deren untersten Zweigen rote und gelbe Tücher hingen.

So mocht eine Stunde vergangen sein, als sie, von der Stadt her, gebückt auf seinem flandrischen Pferde, des alten Minde gewahr wurden. Inmitten seiner Einsamkeit war er plötzlich von einer tiefen Sehnsucht erfasst worden, den Mai noch einmal mitzufeiern; und nun kam er den breiten Waldweg herauf, auf die Stelle zu, wo die Zernitzens und Mindes gemeinschaftlich lagerten. Ein Diener schritt neben dem Pferde her und führte den Zügel. Was wollte der Alte? Wozu kam er? Und Trud und Gerdt empfingen ihn mit kurzen, rasch herausgestoßenen Fragen, die mehr nach Missstimmung als nach Teilnahme klangen, und nur Grete freute sich von Herzen und sprang ihm entgegen. Und als nun Decken für ihn ausgebreitet lagen, stieg er ab und setzte sich an einen guten Platz, der den Waldesschatten über sich und die sonnenbeschienene Lichtung vor sich hatte. Grete pflückte Blumen und sagte: „Soll ich dir einen Kranz flechten?" Aber der Alte lächelte: „Noch nicht, Grete. Ich warte noch ein Weilchen." Und sie sah ihn mit ihren großen Augen an und küsste stürmisch seine welke Hand. Denn sie wusste wohl, was er meinte.

Eine Störung war sein Kommen gewesen, das empfanden alle, vielleicht er selbst. Der alte Zernitz zeigte sich immer schweigsamer, Emrentz auch, und Trud, um wenigstens zu sprechen, und vielleicht auch, um der beobachtenden Blicke Gretens überhoben zu sein, sagte zu dieser: „Du solltest unter die Linde gehen, Grete." „Und Valtin begleitet dich", setzte Emrentz hinzu.

Beide wurden rot, denn sie waren keine Kinder mehr. Aber sie schwiegen und gingen auf die Wiese hinaus. „Sie wollen allein sein", sagte Grete. „Seien wir's auch." Und an den Schau- und Spielbuden vorbei, nahmen sie, kreuz und quer, ihren Weg auf die kleinen und großen Gruppen zu, die sich bei Ringelstechen und Taubenschießen erlustigten. Aber zu der Linde, wo die Kinder spielten, gingen sie nicht.

Es war sehr heiß, sodass sie bald wieder den Schatten aufsuchten, und jenseits der Lichtung angekommen, verfolgten sie jetzt einen halbüberwachsenen Weg, der sich immer tiefer in den Wald hineinzog. Es glühte schon in den Wipfeln, da flog eine Libelle vor ihnen her und Grete sagte: „Sieh, eine Seejungfer. Wo die sind, da muss auch Wasser sein. Ein Sumpf oder ein Teich. Ob schon die Teichrosen blühn? Ich liebe sie so. Lass uns danach suchen."

Und so gingen sie weiter. Aber der Teich wollte nicht kommen, und plötzlich überfiel es Greten: „Wo sind wir, Valtin? Ich glaube, wir haben uns verirrt."

„Nicht doch. Ich höre ja noch Musik."

Und sie blieben stehen und horchten.

Aber ob es eine Täuschung gewesen war, oder ob die Musik eben jetzt zu schweigen begann, gleichviel, beide strengten sich vergeblich an, einen neuen Klang aufzufangen. Und es half auch zu nichts, als sie das Ohr an die Erde legten.

„Weißt du, Grete", sagte Valtin, „ich werd hier hinaufsteigen. Das ist ein hoher Baum, da hab ich Übersicht, und es kann keine tausend Schritt sein." Und er schwang sich hinauf und kletterte von Ast zu Ast, und Grete stand unten, und ein Gefühl des Alleinseins durchzitterte sie. Nun aber war er hoch oben. „Siehst du was?", rief sie hinauf. „Nein. Es sind hohe Bäume rundum. Aber lass nur, die Sonne muss uns den Weg zeigen; wo sie niedergeht ist Abend, und die Stadt liegt nach Mittag zu. Soviel weiß ich gewiss. Also *da* hinaus müssen wir." Und gleich darauf war er wieder unten bei der ihn bang Erwartenden.

Sie schlugen nun die Wegrichtung ein, die Valtin von oben her mit der Hand bezeichnet hatte. Aber so sehr sie spähten und suchten, die Waldwiese kam nicht, und Grete setzte sich müd und matt auf einen Baumstumpf und begann leise vor sich hin zu weinen.

„Meine süße Grete", sagte Valtin, „sei doch nicht so bang." Und er umarmte und küsste sie herzlich. Und sie litt es und schlug nicht mehr nach ihm, wie damals unter dem Kirschbaum;

nein, ein Gefühl unendlichen Glückes überkam sie mitten in ihrer Angst, und sie sagte nur: „Ich will nicht mehr weinen, Valtin. Du bist so gut. Und wer gut ist, dem zuliebe geschehen Zeichen und Wunder. Und siehe, dessen bin ich gewiss, wenn wir zu Gott um seine Hülfe bitten, dann hilft er auch und führt uns aus dem Walde wieder ins Freie und wieder nach Haus. Gerade wie damals die Jungfer Lorenz. Denn wir sind ja hier im Lorenzwald."

„Ja, Grete, da sind wir. Aber wenn der Hirsch käm und es wirklich gut mit uns meinte, dann trüg er uns an eine andre Stelle, denk ich, und *nicht* nach Haus. Denn wir haben eigentlich kein Haus, Grete. Du nicht, und ich auch nicht. Emrentz ist eine gute Frau, viel besser als Trud, und ich danke Gott alle Tage dafür; aber so sie mir nichts zu Leide tut, so tut sie mir auch nichts zuliebe. Sie putzt sich für sich und für den Vater, und das ist alles. Nein, Grete, *nicht* in die Stadt und *nicht* nach Haus, lieber weit, weit fort, in ein schönes Tal, von Bergen eingeschlossen, und oben weiß von Schnee und unten bunt von Blumen..."

„Wo ist das?"

„Ich weiß es nicht. Aber ich hab einmal in einem alten Buche davon gelesen und da wurde mir das Herz so weit. Zwischen hohen Felswänden liegt es, und der Sturm geht drüber hin und trifft es nie; und die Sonne scheint und die Wolken ziehen; und ist kein Krieg und keine Krankheit; und die Menschen, die dort leben, lieben einander und werden alt und sterben ohne Schmerz."

„Das ist schön", sagte Grete. „Und nun komm und lass uns sehn, ob wir's finden."

Und dabei lachten sie beid und schritten wieder rüstig vorwärts, denn die Schilderung von dem Tale hatte Greten erfrischt und ihr ihren Mut und ihre Kraft zurückgegeben. Und eine kleine Strecke noch, da lichtete sich's und wie Dämmerung lag es vor ihnen. Aber statt der Waldwiese war es ein Uferstreifen, auf den sie jetzt hinaustraten, und dicht vor ihnen blitzte der breite Strom. „Ich will sehen, wohin er fließt", sagte Valtin und warf einen Zweig hinein. „Nun weiß ich's. *Dorthin* müssen wir." Und sie schritten flussaufwärts nebeneinander her. Die Sterne kamen und spiegelten sich, und nicht lange mehr, so hörten sie das Schlagen der Glocken, und die Turmspitze von Sankt Stephan stieg in dunklen Umrissen vor ihnen auf.

Es war neun Uhr, oder schon vorüber, als sie das Minde'sche Haus erreichten. Valtin trat mit in das untre Zimmer, in dem sich um diese Stunde nur noch Trud und Gerdt befanden, und sagte: „Hier ist Grete. Wir hatten uns verirrt. Aber ich bin schuld." Und damit ging er wieder, während Grete verlegen in der Nähe der Türe stehen blieb.

„Verirrt", sagte jetzt Trud und ihre Stimme zitterte. „Ja, verirrt. Ich denke, weil ihr's wolltet. Und wenn ihr's *nicht* wolltet, weil ihr ungehorsam wart und nicht Zucht und Sitte kennt. Ihr solltet zu den Kindern gehen. Aber das war euch zuwider. Und so ging es in den Wald. Ich werde mit Gigas sprechen und mit deinem Vater. Der soll mich hören. Denn ich will nicht üble Nachred im Haus, ob er's gleich selber so gewollt hat. Gott sei's geklagt ...! Was bracht' er uns das fremde Blut ins Haus? Das fremde Blut und den fremden Glauben. Und arm wie das Heimchen unterm Herd."

In diesem Augenblicke stand Grete vor Trud, und ihre bis dahin niedergeschlagenen Augen blitzten in einem unheimlichen Feuer auf: „Was sagst du da von fremd und arm? Arm! Ich habe mir's von Reginen erzählen lassen. Sie kam aus einem Land, wo sie glücklich war, und hier hat sie geweint und sich zurückgesehnt, und vor Sehnsucht ist sie gestorben. Arm! Wer war arm? Wer? Ich weiß es. *Du* warst arm. *Du!*"

„Schweig", sagte Gerdt.

„Ich schweige nicht. Was wollt Ihr? Ich bin nicht euer Kind! Gott sei Dank, dass ich's nicht bin. Ich bin eure Schwester. Und ich wollt, ich wär auch *das* nicht. Auch *das* nicht. Verklagt mich. Geht hin und erzählt ihm, was ich gesagt hab; ich werd ihm erzählen, was ich gehört hab, heute draußen im Wald und hundert Mal hier in diesem seinem Haus. Oh, ich hab euch zischeln hören. Und ich weiß alles, alles. Ihr wartet auf seinen Tod. Streitet nicht. Aber noch lebt er, und solang er lebt, wird er mich schützen. Und ist er tot, so schütz ich mich *selbst*. Ja, ich schütze mich selbst. Hörst du, Trud." – Und sie ballte ihre kleinen Hände.

Trud, in ihrem Gewissen getroffen, erkannte, dass sie zu weit gegangen, während Grete plötzlich aller Scheu los und ledig war, die sie bis dahin vor ihrer Schwieger gehabt hatte. Sie hatte das Gefühl eines vollkommenen Sieges und stieg, in der Freude darüber, in den zweiten Stock hinauf. Oben fand sie Reginen und erzählte ihr alles, was unten geschehen. „Kind, Kind, das tut nicht gut, das kann sie dir nicht vergessen." Aber Grete war übermütig geworden und sagte: „Sie fürchtet sich vor mir. Lass sehn; ich habe nun bessere Tage."

7.
Jakob Mindes Tod

Und wirklich, es war, als ob Grete Recht behalten sollte. Weder des Umherirrens im Walde, noch des heftigen Streites, der den Tag beschlossen, wurde von Trud irgend noch erwähnt; allem Anscheine nach auch gegen Gigas nicht, der sonst kaum ermangelt haben würde, von dem graden Pfade des Rechts und von dem „Irrpfad in der Wildnis" zu sprechen. Aber solche Predigt unterblieb, und die Sommermonate vergingen ruhiger, als irgendeine Zeit vorher. Aller Groll schien vergessen, und Grete, die, nach Art leidenschaftlicher Naturen, ebenso rasch zu gewinnen als zu reizen war, gewöhnte sich daran, in den Stunden, wo Gerdt außerhalb des Hauses seinen Geschäften nachging, in Truds Schlafzimmer zu sitzen und ihr vorzuplaudern oder vorzulesen, was sie besonders liebte. Und wenn Regine den Kopf schüttelte, sagte sie nur: „Du bist eifersüchtig und kannst sie nicht leiden. Aber sie meint es gut, und es war auch nicht recht, dass wir in den Wald gingen."

So kam der Einsegnungstag, Ende September, und den Sonntag darauf war Abendmahl, an dem alle Mitglieder des Hauses teilnahmen. Alle zeigten sich in gehobener Stimmung, der alte Jakob Minde aber, trotzdem er nur mit Mühe den Kirchgang gemacht hatte, war mitteilsamer denn seit lange, plauderte viel von seiner Jugend und seinem Alter und sprach auch abwechselnd und ohne Scheu von Gerdts und von Gretens Mutter, als ob kein Unterschied wäre. Trud und Gerdt sahen dabei einander an, und was in ihren Blicken sich ausgesprochen hatte, das sollte sich andern Tags bestätigen. Denn in aller Frühe schon lief es durch die Stadt, dass der alte Ratsherr auf den Tod liege, und als um die sechste Stunde der Schein der niedergehenden Sonne drüben an den Häuserfronten glühte, bat er Reginen, dass sie die Vorhänge zurückschieben und die Kinder rufen solle. Und diese kamen und Grete nahm seine Hand und küsste sie. Gleich danach aber winkte der Alte seine Schwieger zu sich heran und sagte: „Ich lege sie dir ans Herz, Trud. Erinnere dich allezeit an die Mahnung des Propheten: ,Lass die Waisen Gnade bei dir finden.' Erinnere dich daran und handle danach. Versprich es mir und vergiss nicht diese Stunde." Trud antwortete nicht, Grete aber warf sich auf die Knie und schluchzte und betete, und ehe sie ihren Kopf wieder aufrichtete, war es still geworden in dem kleinen Raum.

Am dritten Tage danach stand der alte Minde hoch aufgebahrt in Sankt Stephan, der Tangermündischen Hauptkirche, die, nach

Art mittelalterlicher Gotteshäuser, hart am Rande der Stadt gelegen war. Auf dem Altar brannten die großen Kerzen und rings umher saßen die Ratmannen der Stadt, obenan der alte Peter Guntz, der nicht geglaubt hatte, seinen so viel jüngeren Freund überleben zu müssen. Keiner fehlte; denn die Mindes waren das älteste Geschlecht und das vornehmste, wirkliche Kaufherren, und seit Anbeginn im Rate der Stadt. In nächster Nähe des Sarges aber standen die Leidtragenden. Gerdt sah vor sich hin, stumpf wie gewöhnlich, während Trud und Grete, schwarz und in wollene Stoffe gekleidet, zum Zeichen ihrer tiefsten Trauer bis über Kinn und Mund hinauf hohe weiße Tücher trugen, die nur den Oberkopf frei ließen. Grete, kaum fünfzehn Jahr, sah um vieles älter aus als sie war, und alles Kindliche, das ihre Erscheinung bis dahin gehabt hatte, schien mit diesem Tage von ihr gewichen.

Die Orgel spielte, die Gemeinde sang, und als beide schwiegen, trat Gigas aus der Sakristei und schritt auf die Altarstufen zu. Er schien noch ernster als gewöhnlich, und sein Kopf mit dem spärlichen weißen Haar sah unbeweglich über die hohe Radkrause hinweg. Und nun begann er. Erst hart und herbe, wie fast immer die Strenggläubigen, wenn sie von Tod und Sterben sprechen; als er aber das Allgemeine ließ und vom Tod überhaupt auf *diesen* Toten kam, wurd' er warm und vergaß aller Herbigkeit. Er, dessen stummes Antlitz hier spräche, so hob er mit immer eindringlicher werdender Stimme an, sei ein Mann gewesen wie wenige, denn er habe beides gehabt, den Glauben und die Liebe. Da sei keiner unter ihnen, an dem er seine Liebe nicht betätigt habe; der Arme habe seine Mildtätigkeit, der Freund seine Hülfe, die Bürgerschaft seinen Rat erfahren, und seine klugen und feinen Sitten seien es gewesen, die bis nach Lübeck und bis in die Niederlande hin das Ansehen der Stadt auf die jetzige Höhe gehoben hätten. Dies wüssten alle. Aber von seinem Glauben und seiner Glaubensfestigkeit wisse nur *er*. Und wenn schon jeder in Gefahr stehe, Unkraut unter seinem Weizen aufschießen zu sehen, so habe doch diese Gefahr keinem so nahe gestanden wie diesem Toten. Denn nicht nur, dass er eine Reihe von Jahren unter den Bekennern der alten Irrlehre gelebt, die bedrohlichste Stunde für das Heil seiner Seele sei die Stunde seiner zweiten Eheschließung gewesen. Denn die Liebe zum Weibe, das sei die größte Versuchung in unsrer Liebe zu Gott. Aber er hab ihr widerstanden und habe nicht um irdischen Friedens willen den ewigen Frieden versäumt. In seinem Wandel ein Vorbild, werde sich die selige Verheißung, die Christus der Herr auf dem Berg am Galiläischen Meer gegeben, dreifach an ihm erfüllen. Sei er doch friedfertig und sanftmütig gewesen und reinen Herzens.

Und nun sangen sie wieder, während die Träger den Toten aufhoben und ihn das Mittelschiff entlang aus der Kirche hinaus auf den Kirchhof trugen. Denn ein Grab im Freien war sein letzter Wille gewesen. Draußen aber, unter alten Kastanienbäumen, deren Laub sich herbstlich zu färben anfing, setzten sie den Sarg nieder, und als er hinabgelassen und das letzte Wort gesprochen war, kehrten alle heim, und Trud und Gerdt schritten langsam die Lange Straße hinunter, bis an das Mindesche Haus, das nun das *ihre* war. Nur Grete war geblieben und huschte heimlich in die Kirche zurück und setzte sich auf die Bahre, die noch an alter Stelle stand. Sie wollte beten, aber sie konnte nicht, und sah immer nur Trud, so herb und streng wie sie sie *früher* gesehen hatte, und fühlte deutlich, wie sich ihr das Herz dabei zusammenschnürte. Und eine Vorahnung überkam sie wie Gewissheit, dass Regine doch wohl Recht gehabt haben könne. So saß sie und starrte vor sich hin und fröstelte. Und nun sah sie plötzlich auf und gewahrte, dass das Abendrot in den hohen Chorfenstern stand und dass alles um sie her wie in lichtem Feuer glühte: die Pfeiler, die Bilder und die hoch aufgemauerten Grabsteine. Da war es ihr, als stünde die Kirche rings in Flammen, und von rasender Angst erfasst, verließ sie den Platz, auf dem sie gesessen, und floh über den Kirchhof hin.

In den engen Gassen war es schon dunkel geworden, der rote Schein, der sie geängstigt, schwand vor ihren Augen, und ihr Herz begann wieder ruhiger zu klopfen. Als sie aber den Flur ihres Hauses erreicht hatte, stieg sie zu Reginen hinauf und umarmte sie und küsste sie und sagte: „Regine, nun bin ich ganz allein. Eine Waise!"

8.
Eine Ritterkette

Eine Waise war sie und sie sollt' es nur allzu bald empfinden. Anfangs ging es, auch noch um die Christzeit, als aber Ostern heran kam, wurd' es anders im Haus, denn es geschah, was nicht mehr erwartet war: Trud genas eines Knäbleins. Da war nun die Freude groß und auch Grete freute sich. Doch nicht lange. Bald musste sie wahrnehmen, dass das Neugeborene alles war und sie nichts; Regine kochte den Brei, und sie gab ihn. Dass sie selber ein Herz habe und ein Glück verlange, daran dachte niemand; sie war nur da um andrer Glückes willen. Und das verbitterte sie.

Ein Trost war, dass sie Valtin häufiger sah. Denn Trud hatte für nichts Sinn mehr als für das Kind, und nur selten, wenn sie sich aus Laune oder Zufall auf ihr Hüteramt besann, fiel sie vorübergehend in ihre frühere Strenge zurück.

So vergingen die Tage, meist ohne Streit, aber noch mehr ohne Lust und Freud, und als es jährig war, dass sie den alten Minde von seinem Platz vor dem Altar auf den Kirchhof hinausgetragen hatten, ging Grete gen Sankt Stephan, um seiner an seinem Grabe zu gedenken.

Es war ein schöner Oktobertag und die Kastanien lagen ausgestreut umher. Grete setzte sich auf den Hügel, und das Bild des geliebten Toten stand wieder vor ihrer Seele, blass und freundlich, und sie hing ihm noch in süßer Trauer nach, als sie sich plötzlich bei Namen gerufen hörte. Sie sah auf und erkannte Valtin. Er hatte sie das Haus verlassen sehen und war ihr nachgegangen.

„Wie geht es?", fragte Grete.

Valtin antwortete nicht gleich. Endlich sagte er: „Ich mag nicht klagen, Grete, denn dein eigen Herz ist voll. Aber das muss wahr sein, Emrentz ist wie vertauscht und hat was gegen mich. Und erst seit kurzem. Denn, wie du weißt, ich hatt' es nicht gut und hatt' es nicht schlecht. So hab ich dir oft gesagt und so war es. Aber seit ihr das Kleine habt, ist es anders. Und jeden Tag wird es schlimmer. Es ist ordentlich, als ob sie's der Trud nicht gönnte. Was meinst du?"

Grete schüttelte den Kopf. „Nein, das ist es nicht. Ich weiß aber, was es ist, und Trud ist wieder schuld. Sie verredet dich bei der Emrentz. *Das* ist es."

„Verredet mich? Ei, da lass doch hören", sagte Valtin.

„Ja, verredet dich. Ich weiß es von der Regine. Die war in der Hinterstub oben und wiegte das Kind, als sie beid am Fenster saßen. Und da hörte sie dein Lob aus der Emrentz Mund und wie sie sagte: du seist ein guter Jung und machtest ihr das Leben nicht schwer, was du doch könntest, denn sie sei ja noch jung und deine Stief. Aber das missfiel unsrer Trud, und sie nahm ihren spöttischen Ton an und fragte nur: ob sie denn blind sei? Und ob sie nicht säh, wie dir der Schalk im Nacken säße. Du lachtest ja über sie."

Valtins Augen waren immer größer geworden, aber Grete sah es nicht und fuhr unverändert fort: „Und das glaube nur, Regine hört alles und sieht alles. Und sie sah auch, wie sich Emrentz verfärbte, erst rot und dann erdfahl im ganzen Gesicht. Und so bitterbös. Und dann hörte sie, wie sie der Trud zuflüsterte: ‚Ich danke dir, Trud, und ich will nun ein Auge darauf haben'."

„Also daher!", sagte Valtin. „Aber gut, dass ich es weiß. Ich will sie zur Rede stellen, eure Trud, wenn ich ihr auf Flur oder Treppe begegne. Mich verreden. Das ist schlecht."

„Und unwahr dazu."

Valtin schwieg eine Weile. Dann nahm er Gretens Hand und sagte beinah kleinlaut: „Nein, unwahr eigentlich nicht. Es ist wahr, ich habe mich abgewandt und hab auch gelacht. Aber ich tat's nicht in Bösem und wollt' ihr nicht wehe tun. Und das weiß die Trud auch. Und sie weiß auch, dass ich der Emrentz nicht gram bin, nein, ganz und gar nicht, und dass ich mich eigentlich freue, dass er sie gern hat, wenn ich auch so manchmal meine Gedanken darüber habe. Denn er ist ein andrer Mann worden, und unser Haus ist ein ander Haus worden als vordem; und das alles dank ich ihr. Eine Stief ist freilich eine Stief, gewiss, das bleibt, und wenn ich da bin, ist es gut, und wenn ich nicht da bin, ist es noch besser; ich weiß es wohl, und es geht ihr nichts zu Herzen, wenn's nicht eine neue Mod oder ein Putz oder eine Gasterei ist; aber eigentlich hab ich sie doch gern, und weißt du, Gret, ich werde mit *ihr* sprechen und nicht mit der Trud. Ich bin jetzt achtzehn, und mit achtzehn, da darf man's. Und ich wette, sie nimmt's gut auf und gibt mir einen Kuss und ruft den Vater und erzählt ihm alles und sagt ihm alles, und sagt ihm auch, dass er schuld sei, ja *er*, *er*, und dass sie mich heiraten wolle, nächstens schon, wenn er nicht anders würde, ganz anders. Und dann lacht er immer, weil er es gern hört. Aber sie sagt es noch lieber."

Grete, die, während er sprach, eine Menge der umherliegenden Kastanien gesammelt und aufgezogen hatte, hing sie sich jetzt als Schnur um den Hals und sagte: „Wie kleidet es mir?"

„Ach, dir kleidet alles. Du weißt es ja, und alle Leute wissen's. Und sie sagen auch, es sei hart, dass du dein Leben so vertrauern musst. Immer so mit dem Kind..."

Grete seufzte. „Freilich, es ist nichts Fein's; aber bei Tag ist es ein Spielzeug, und dann sieh, dann gibt mir's auch zu lachen, wenn ich so seh, wie sie das Würmchen aufputzen und einen kleinen Prinzen aus ihm machen möchten. Denn du musst wissen, es ist ein hässlich' Kind, und alles an ihm hat eine falsche Stell und passt nicht recht zusamm', und ich seh es in Gedanken schon groß, wie's dann auch so hin und herschlenkert, grad wie der Gerdt, und sitzt immer krumm und eingesunken und streckt die Beine weit, weit von sich. Ach, es hat schon jetzt so lange dünne Beinchen. Wie die Spinn an der Wand."

„Und Trud?", fragte Valtin.

„*Die* sieht nur, dass es ein hübsches Kind ist, oder sie tut doch so. Und dann fragt sie mich: ‚Nicht wahr, Gret, es sieht gut?' Und wenn ich dann schweig oder verlegen seh, dann redet sie auf mich ein und dann heißt es: ‚Sieh doch nur den Mund; ist er nicht klein? und hat auch nicht solchen Wulst. Und seine Augen stehen nicht so vor'. Aber es hilft ihr nichts, es ist und bleibt der Gerdt und ist ihm wie aus dem Gesicht geschnitten."

Valtin schüttelte den Kopf und sagte: „Und das ist alles, was du hast?"

„Ja und nein. Und du musst mich nicht bedauern. Denn ich habe ja noch die Regine, die mir von alten Zeiten erzählt, und ich habe Gigas, der mir seine Blumen zeigt. Und dann hab ich den Kirchhof. Und mitunter, wenn ich ein rechtes Glück hab, dann hab ich *dich*!"

Er sah sie zärtlich an und sagte: „Du bist so gut, und trägst alles, und willst *nichts*."

Sie schüttelte den Kopf. „Ich will eigentlich viel, Valtin."

„Ich glaub's nicht."

„Doch, doch. Denn sieh, Liebe will ich, und das ist viel. Und ich kann kein Unrecht sehn. Und wenn ich's seh, da gibt es mir einen Stich, hier grad ins Herz, und ich möchte dann weinen und schrei'n."

„Das ist es ja, Grete. Darum bist du ja so gut." Und er nahm ihre Hand und drückte sie und sagte ihr, wie lieb er sie habe. Und dann sprach er leiser und fragte sie, ob sie sich nicht öfter sehen könnten, so wie heut, und so ganz wie von ungefähr. Und dann nannt' er ihr die Plätze, wo's am ehesten ginge. Hier der Kirchhof sei gut, aber eigentlich die Kirche drin, die sei noch besser. Am besten aber sei die *Burg*, da sei niemand und sei alles so schön und so still und der Blick so weit.

Grete war es zufrieden und sie sagten einander zu, dass sie, solange die schönen Herbstestage dauerten, sich allwöchentlich einmal oben auf der Burg treffen und miteinander plaudern wollten. Und als sie das beschlossen, hing ihm Grete die Kastanienkette um, die sie bis dahin getragen, und sagte ihm, er sei nun ihr Ritter, der zu ihr halten und für sie fechten und sterben müsse. Und dabei lachten sie. Gleich danach aber trennten sie sich und gingen auf verschiedenen Wegen, auf dass niemand sie zusammen sähe, wieder in ihre Wohnung zurück.

9.
Auf der Burg

Sie hielten Wort, und eine Woche später, während welcher Grete mehr als seit lang unter Truds Launen und einem Rückfall in ihre frühere Strenge gelitten hatte, trafen sie sich nachmittags auf dem Kirchhof und gingen durch Tor und Vorstadt erst bis an die „Freiheit" und dann auf einem ansteigenden Schlängelwege bis zur Burg selbst hinauf. Hier, auf dem großen Außenhof, der zugleich als Wirtschaftshof diente, war ein buntes und bewegtes Leben: im Taktschlag klang es von der Tenne her, die Scheunentore standen offen und die Mädchen, die beim Flachsbrechen waren, sangen über den Hof hin:

> Es waren zwei Königskinder,
> Die hatten einander so lieb,
> Sie konnten zusammen nicht kommen,
> Das Wasser war viel zu tief.
>
> „Ach Liebster könntest du schwimmen,
> So schwimme doch her zu mir..."

Es klang so traurig. Aber die Gesichter der Mädchen lachten dabei.

„Hörst du", sagte Valtin, „das gilt uns. Sieh nur die Hübsche mit dem Flachskopf. Sieht sie nicht aus, als könnte sie sich ihr Brauthemd von ihrem eignen Wocken spinnen?" Grete schwieg. Ihr war so weh. Endlich sagte sie: „Lass uns gehen, Valtin. Ich weiß nicht, was es ist. Aber das fühl ich, dass ich hier auch stehen und die Hände fleißig rühren und singen möcht. Sieh nur, wie die Spreu von der Tenne fliegt. Es ist alles so frei und luftig hier, und wenn ich hier mitstünd, ich glaube, da verwehte manches, was mich quält und drückt."

Valtin suchte nach einem Trosteswort, und sie schritten, als er sie wieder beruhigt, über einen wüsten Grasplatz, auf einen aufgemauerten und halbausgetrockneten Graben zu, der den großen, äußeren Burghof von dem kleinen, inneren trennte. Eine schmale Zugbrücke führte hinüber, und sie passierten sie. Drinnen war alles still: der Efeu wuchs hoch am Gemäuer auf und in der Mitte stand ein alter Nussbaum, dessen weites Geäst den halben Hofraum überdachte. Und um den ausgehöhlten Stamm her war eine Bank. Grete wollte sich setzen; Valtin aber nahm ihre Hand und sagte: „Nicht hier, Grete; es ist zu stickig hier." Und damit gingen sie weiter, bis an den Fuß eines steilen, in die Rasenbettung eingeschnittenen Treppchens, das oben auf einen breiten, von zwei Türmen flankierten Wallgang mündete. Zwischen diesen Türmen aber lief eine dicke, niedrige Feldsteinmauer, die nur um ein paar Fuß höher war als der Wallgang selbst. Und auf diese Mauer setzten sie sich und sahen in die Landschaft hinaus. Zu Füßen hatten sie den breiten Strom und die schmale Tanger, die spitzwinklig in den Strom einmündete, drüben aber, am andern Ufer, dehnten sich die Wiesen, und dahinter lag ein Schattenstrich, aus dessen Lichtungen hier und dort eine vom Abendrot übergoldete Kirchturmspitze hervorblickte. Der Himmel blau, die Luft frisch; Sommerfäden zogen, und in das Geläut der ersten heimwärts ziehenden Herden mischte sich von weit her das Anschlagen der Abendglocke.

„Ach, wie schön", sagte Grete. „Jahr und Tag, dass ich nicht hier oben war. Und mir ist fast, als hätt ich es nie gesehen."

„Das macht, dass wir einen so schönen Tag haben", sagte Valtin.

„Nein, das macht, dass es hier so frisch und so weit ist, und zu Haus ist es so dumpf und so eng. Da bin ich wie gefangen und eingemauert, eingemauert wie die Stendalsche Nonne, von der mir Regine so oft erzählt hat."

„Und du möchtest fort."

„Lieber heut als morgen. Entsinnst du dich noch, Maifest vorm Jahr, als wir uns verirrt hatten und auf den Hirsch warteten, der uns aus dem Walde hinaustragen sollte?"

Valtin nickte.

„Sieh, da sprachst du von einem Tal, das tief in Bergen läg, und der Sturm ginge drüber hin und wäre kein Krieg und die Menschen liebten einander. Und ich weiß, dass ich das Tal in Wachen und in Träumen sah. Viele Wochen lang. Und ich sehnte mich danach und wollte hin. Aber heute will ich nur noch fort, nur noch weg aus unserm Haus. Wohin ist gleich. Es schnürt mir die Brust zusammen und ich habe keinen Atem mehr."

„Aber du hast doch die Regine, Gret. Und Gigas ist gut mit dir. Und dann sieh, Emrentz kann dich leiden. Ich weiß es; sie hat mir's selber gesagt, keine drei Tag' erst, als ich mein Aussprach mit ihr hatt'. Und dann, Grete, du weißt ja, dann hast du *mich*."

Sie blickte sich scheu-verlegen um. Und als sie sah, dass sie von niemand belauscht wurden, trat sie rasch auf ihn zu, strich ihm das Haar aus der Stirn und sagte: „Ja, *dich* hab ich. Und ohne dich wär ich schon tot." Valtin zitterte vor Bewegung. Er erkannte wohl, wie tief unglücklich sie sei, und sagte nur: „Was ist es, Grete?

Sag es. Vielleicht, dass ich es mit dir tragen kann. Was drückt dich?"

„Das Leben."

„Das Leben?" Und er sah sie vorwurfsvoll an.

„Nein, nein. Vergiss es. Nicht das Leben. Aber der Tag drückt mich; jeder; heute, morgen, und der folgende wieder. Endlos, endlos. Und ist kein Trost und keine Hülfe."

„Der Tag", wiederholte Valtin vor sich hin, und es war, als überleg er's und mustre die Reihe seiner eigenen Tage.

„Ja, der Tag", fuhr Grete fort. „Und jede Stund ist lang wie das Jahr. Kaum, dass ich den Morgenschlaf aus den Augen hab, so heißt es: ‚Das Kind, das Kind.' Und nun spring ich auf und mache das Bad und mache den Brei. Und nun ist das Bad viel zu heiß und der Brei viel zu kalt. Und dann wieder: ‚Das Kind und das Kind.' Und an mir sehen sie vorbei, als wär ich der Schatten an der Wand. Ach, ich weiß, es ist eine Sünd, aber ich muss mir's heruntersprechen von der Seel, und wahr ist es und bleibt es, ich hass es. Und so kommt Mittag, und wir sitzen an dem runden Tisch und ich spreche das Gebet. Sprech es, und niemand hört darauf. Und wenn ich das letzte Wort gesprochen, so heißt es: ‚Grete, sieh, ich glaub es schreit.' Und dann bring ich es, und dann geht es reihum und dann soll ich essen mit dem Kind im Arm. Und wenn es hübsch wär. Aber es ist so hässlich und sieht mich an, als erriet es all meine Gedanken. Ach, Valtin, das ist mein Tag und mein' Nacht. Und so leb ich. In meines Vaters Haus ohne Heimat! Unter Bruder und Schwester, und ohne Liebe! Es tötet mich, dass mich niemand liebt. Ach, wie's mich danach verlangt! Nur ein Wort, nur ein einzig Wort." Und sie warf sich auf die Knie und legte den Kopf auf den Stein und weinte bitterlich.

„Es kommen andere Tage", sagte Valtin. „Und wir wollen aushalten. Und wenn sie *nicht* kommen, eins musst du wissen, Gret, ich tu alles, was du willst. Sage, dass ich hier hinunterspringe, so spring ich, und sage, dass du fort willst, so will ich auch fort. Und wenn es in den Tod ging. Ich kann nicht leben ohne dich. Und will auch nicht."

Grete war aufgesprungen und sagte: „*Das* hab ich hören wollen. Das, das! Und nun kann ich wieder leben, weil ich dies Elend nicht mehr endlos seh. Ich weiß nun, dass ich's ändern kann, jeden Tag und jede Stunde. Sieh mich nicht so an. Erschrick nicht. Ich bin nicht so wild und unbändig, wie du denkst. Nein, ich will still und ruhig sein. Und wir wollen aushalten, wie du sagst, und wollen hoffen und harren, bis wir groß sind und unser Erbe haben. Denn wir haben doch eins, nicht wahr? Und haben wir *das*, Valtin, so haben wir uns, und dann haben wir die ganze Welt. Und dann sind wir glücklich. Ach, wie mir so leicht ums Herz geworden. Und nun komm und lass uns gehen. Die Sonn ist unter und die letzten Herden sind eben herein."

Er war es zufrieden, und sie wandten sich und gingen heimwärts, erst unter dem Nussbaum hin und dann über die kleine Zugbrücke fort, die von dem inneren Burghof in den Außenhof führte. In dem Sumpfwasser unter ihnen stand das Rohr und wuchs hoch hinauf bis an das Brückengebälk. Ein paar blaue Dolden, blattlos und auf langen Stielen, blühten einsam dazwischen. Und nun waren sie wieder jenseits und sahen, dass alle Arbeit in Hof und Tenne schwieg. Die Mädchen, die beim Flachsbrechen gewesen waren, hatten sich mit den Knechten auf Bretter und Balken gesetzt, die hoch aufgeschichtet an einem Holunderzaune lagen, und sangen allerlei Lieder. Lustiges und Schelmisches, und neckten sich untereinander. Als sie aber des jungen Paares ansichtig wurden, brachen sie plötzlich ab und nahmen wie von selber die Weise wieder auf, die sie, eine Stunde vorher, bei beider Kommen gesungen hatten:

> „Ach Tochter, herzliebste Tochter,
> Allein sollst du nicht gehn,
> Weck auf deine jüngste Schwester
> Und lass sie mit dir gehn."

> „Ach, Mutter, herzliebste Mutter,
> Meine Schwester ist noch ein Kind.
> Sie pflückt ja all die Blumen,
> Die auf grüner Heide sind."

Valtin und Grete waren rascher zugeschritten und die letzten Worte des Liedes verklangen ihnen unklar und halbgehört. Aber die Weise traf noch ihr Ohr, als sie das Burgtor schon lang im Rücken hatten.

10.
Zu Weihnachten

„Ich kann nun wieder leben", hatte Grete gesagt, und wirklich, das Leben wurd' ihr leichter seitdem. Ein beinah freudiger Trotz, dem sie sich, auch wenn sie gehorchte, hingeben konnte, half ihr über alle Kränkungen hinweg. Sie gehorchte ja nur noch, weil sie gehorchen wollte. Wollte sie *nicht* mehr, so konnte sie, wie sie zu Valtin gesagt hatte, jeden Tag ‚dem Spiel ein Ende machen'. Und wirklich, ein Spiel war es nur noch, oder sie wusst' es doch in diesem Lichte zu sehen. Das gab ihr eine wunderbare Kraft, und wenn sie dann spät abends in ihre Giebelstube hinaufstieg, die sie, seit das Kind unten aus der ersten Pflege war, wieder mit Reginen bewohnte, so gelang es ihr, mit dieser zu lachen und zu scherzen. Und wenn es dann hieß: „Aber nun schlafe, Gret", dann wickelte sie sich freilich in ihre Decken und schwieg, aber nur, um sich in wachen Träumen eine Welt der Freiheit und des Glückes aufzubauen. Dabei sah sie sich am liebsten am Bug oder Steuer eines Schiffes stehen, und der Seewind ging, und es war Nachtzeit und die Sterne funkelten. Und sie sah dann hinauf, und alles war groß und weit und frei. Und zuletzt überkam es sie wie Frieden inmitten aller Sehnsucht, ihr Trotz wurde Demut, und an Stelle des bösen Engels, der ihren Tag beherrscht hatte, saß nun ihr guter Engel an ihrem Bett. Und wenn sie dann andren Tags erwachte und hinunter sah auf den Garten und den Pfau auf seiner Stange kreischen hörte, dann fragte sie sich: „Bist du noch du selbst? Bist du noch unglücklich?" Und mitunter wusste sie's kaum. Aber freilich auch andere Tage kamen, wo sie's wusste, nur allzu gut, und wo weder ihr guter noch ihr böser Engel, weder ihre Demut noch ihr Trotz sie vor einem immer bitterer und leidenschaftlicher aufgärenden Groll zu schützen wusste.

Ein solcher Tag, und der bittersten einer, war der Weihnachtstag, an dem auch diesmal ein Christbaum angezündet wurde. Aber nicht für Grete. Grete war ja groß, nein, nur für das Kleine, das denn auch nach den Lichtern haschte und vor allem nach dem Goldschaum, der reichlich in den Zweigen glitzerte. „'s ist Gerdts Kind", sagte Grete, der ihres Bruders Geiz und Habsucht immer ein Abscheu war; und sie wandte sich ihren eigenen Geschenken zu. Es waren ihrer nicht allzu viele: Lebkuchen und Äpfel und Nüsse, samt einem dicken Spangen-Gesangbuch (trotzdem sie schon zwei dergleichen hatte), auf dessen Titelblatt in großen Buchstaben und von Truds eigener Hand geschrieben war: Sprüche Salomonis, Kap. 16, Vers 18.

Sie kannte den Vers nicht, wusste aber, dass er ihr nichts Gutes bedeuten könne, und sobald sich's gab, war sie treppauf, um in der großen Bibel nachzuschlagen. Und nun las sie: „Wer zu Grunde gehen soll, der wird stolz, und stolzer Mut kommt vor dem Fall."

Es schien nicht, dass sie verwirrt oder irgendwie betroffen war, sie strich nur, schnell entschlossen, die von Trud eingeschriebene Zeile mit einer dicken Feder durch, blätterte hastig in dem Alten

Testamente weiter, als ob sie nach einer bekannten, aber ihrem Gedächtnis wieder halbentfallenen Stelle suche, und schrieb dann ihrerseits die Prophetenstelle darunter, die des alten Jakob Minde letzte Mahnung an Trud enthalten hatte: „Lasse die Waisen Gnade bei dir finden." Und nun flog sie wieder treppab und legte das Buch an seinen alten Platz. Trud aber hatte wohl bemerkt, was um sie her vorgegangen, und als sie mit Gerdt allein im Zimmer war, sah sie nach und sagte, während sie sich verfärbte: „Sieh und lies!" Und er nahm nun selber das Buch und las und lachte vor sich hin, wie wenn er sich ihrer Niederlage freue. Denn seine hämische Natur kannte nichts Lieb'res als den Ärger andrer Leute, seine Frau nicht ausgenommen. Zwischen dieser aber und Greten unterblieb jedes Wort, und als der Fasching kam, den die Stadt diesmal ausnahmsweise prächtig mit Aufzügen und allerlei Mummenschanz feierte, schien der Zwischenfall vergessen. Und auch um Ostern, als sich alles zu dem herkömmlichen großen Kirchgang rüstete, hütete sich Trud wohl, nach dem Buche zu fragen. Wusste sie doch, dass es Gret unter dem Weißzeug ihrer Truhe versteckt hatte. Denn sie mocht' es nicht sehen.

11.
Der Herr Kurfürst kommt

Und nun war Hochsommerzeit (der längste Tag schon um vier Wochen vorüber) und die Bürger, wenn sie spät abends aus dem Rathauskeller heimgingen, versicherten einander, was übrigens niemand bestritt, „dass die Tage schon wieder kürzer würden". Da kam an einem Mittewochen plötzlich die Nachricht in die Stadt, dass der allergnädigste Herr Kurfürst einzutreffen und einen Tag und eine Nacht auf seiner Burg Tangermünde zuzubringen gedenke. Das gab ein großes Aufsehen, und noch mehr der Unruhe, weilen der Herr Kurfürst in eben jenen Tagen nicht bloß von seinem lutherischen Glauben zum reformierten übergetreten, sondern auch in Folge dieses Übertritts die Veranlassung zu großer Missstimmung und der Gegenstand allerheftigster Angriffe von Seiten der Tangermündischen Hitzköpfe geworden war. Und nun kam er selbst, und während viele der nur zu begründeten Sorge lebten, um ihrer ungebührlichen und lästerlichen Rede willen zur Rechenschaft gezogen zu werden, waren andere, ihres Glaubens und Gewissens halber, in tiefer und ernster Bedrängnis. Unter ihnen Gigas. Und diese Bedrängnis wuchs noch, als ihm am Nachmittage vorerwähnten Mittewochens durch einen Herrn vom Hofe vermeldet wurde, dass Seine Kurfürstliche Durchlaucht um die siebente Morgenstunde zu Sankt Stephan vorzusprechen und daselbst eine Frühpredigt zu hören gedächten. Wie dem hohen Herren begegnen? Dem Abtrünnigen, der vielleicht alles in Stadt und Land zu Abfall und Untreue heranzwingen wollte! Und so mutig Gigas war, es kam ihm doch ein Bangen und eine Schwachheit an. Aber er betete sich durch, und als der andre Morgen da war, stieg er, ohne Menschenfurcht, die kleine Kanzeltreppe hinauf und predigte über das Wort des Heilands: „Gebet dem Kaiser, was des Kaisers, und Gott, was Gottes ist." Und siehe da, die holzgeschnitzte Taube des heiligen Geistes hatte nicht vergeblich über ihm geschwebt, und der Herr Kurfürst, nachdem er entblößten Hauptes und „mit absonderer Aufmerksamkeit" der Predigt gefolgt war, hatte nach Schluss derselben ihm danken und ihn zu weiterer Besprechung auf seine Burg entbieten lassen. Und hier nun, wie die Chronisten melden, war Seine Kurfürstliche Durchlaucht dem festen und glaubenstreuen Manne nicht nur um einen Schritt oder zwei zu freundlicher Begrüßung entgegengegangen, sondern hatte demselben auch unter freiem Himmel und in Gegenwart vieler Herren vom Adel an Eidesstatt zugesichert, „dass er seine von Gott ihm anbefohlenen Untertanen bei dem Worte Lutheri Augsburgischer Konfession belassen, eines jeden Person auch in der Freiheit seines Glaubens und Gewissens schützen wolle, in eben jener Freiheit, um derentwillen er für *seine* Person das Bekenntnis der beständig hadernden Lutherischen abgetan und den reformierten Glauben angenommen habe."

Und als diese zu größerem Teile trostreiche Rede, über deren schmerzlichen Ausklang Gigas klug hinwegzuhören verstand, an Burgemeister und Rat überbracht worden war, waren Peter Guntz und die Ratmannen, dazu die Geistlichen und Rektores aller fünf Kirchen auf der Burg erschienen, um nach abgestattetem Dank und wiederholter Versicherung unverbrüchlicher Treue, den Herrn Kurfürsten um die Gunst anzugehen, ihm ein festlich Mahl herrichten zu dürfen. Aber in der Halle seiner *eigenen* Burg, dieweilen ihre Rathaushalle zu klein sei, um die reiche Zahl der Gäste zu fassen. Und alles war angenommen worden und hatte die Stadt umso mehr erfreut und beglückt, als bei gnädiger Entlassung der Sprecher, unter denen sich auch Gerdt in vorderster Reihe befunden, seitens Seiner Kurfürstlichen Durchlaucht der Hoffnung Ausdruck gegeben worden war, die sittigen und ehrbaren Frauen der Stadt auf seiner Burg mit erscheinen und an dem Festmahle teilnehmen zu sehn.

Und nun war dieses Mahl, unter freundlichem Beistand aller

Dienerschaften des hohen Herrn, in kürzester Frist hergerichtet worden, und um die vierte Stunde bewegte sich der Zug der Geladenen, Männer und Frauen, die Lange Straße hinab, zur Burg hinauf. Die kleineren Bürgerfrauen aber, die von der Festlichkeit ausgeschlossen waren, sahen ihnen neidisch und spöttisch nach, und nicht zum wenigsten, als Trud und Emrentz an ihnen vorüberzogen. Denn beide waren absonderlich reich und prächtig gekleidet, in Ketten und hohen Krausen, und Emrentz, aller Julihitze zum Trotz, hatte sich ihr mit Hermelinpelz besetztes Mäntelchen nicht versagen können. Truds Kleid aber stand steif und feierlich um sie her und bewegte sich kaum, als sie, zur Rechten ihrer Muhme, die Straße hinunterschritt.

Und nun war alles oben, das Mahl begann, und die gotischen Fenster mit ihren kleinen, buntglasigen und vielhundertfältig in Blei gefassten Scheibchen standen nach Fluss und Hof hin weit offen, und die Gäste, solang es drin ein Schweigen gab, hörten von den Zweigen des draußenstehenden Nussbaums her das Jubilieren der Vögel. Aber nicht immer schwieg es drinnen, Trinkspruch reihte sich an Trinkspruch, und wenn dann von der großen Empore herab, die zu Häupten des Kurfürsten aufragte, die Stadtpfeifer einfielen und die Paukenwirbel über den Fluss hin und bis weit hinaus in die Landschaft rollten, dann hielt der Fährmann sein Boot an und die Koppelpferde horchten auf und sahen verwundert nach der sonst so stillen Burg hinüber.

12.
Am Wendenstein

Um eben diese Zeit saß Grete daheim in der Hinterstube des ersten Stocks. Truds letztes Wort an sie war gewesen: „Hüte das Kind." Und nun hütete sie's. Es lag in einer Wiege von Rosenholz, ein Schleiertuch über dem Köpfchen, und durch Tür und Fenster, die beide geöffnet waren, zog die Luft. Herabgelassene Vorhänge gaben Schatten, und nur ein paar Fliegen tanzten um den Thymianbusch, der an der Decke des Zimmers hing. Es regte sich nichts in dem weiten Hause.

Und doch war jemand eingetreten: Valtin. Er hatte die Haustür vorsichtig geöffnet, sodass die Glocke keinen Ton gegeben, und sah sich nun auf dem halb im Dämmer liegenden Flure neugierig um. Es war alles wie sonst: an dem vordersten Querbalken saßen die zwei Schwalbennester und in den Nischen standen die Schränke, erst die von Nussbaum, dann die von Kiehnenholz, bis dicht an die Hoftür hin. Die Hoftür selbst aber stand auf; ein breiter Lichtstreifen fiel ein und auf dem sonnenbeschienenen Hofe saßen die Tauben und spielten im Sand oder schritten gurrend, und dabei stolz und zierlich ihre Köpfe drehend, an dem noch stolzeren Pfau vorüber. Und dahinten war das von Wein überwachsene Gitter, von dem aus die sechs Treppenstufen niederführten, und durch die offenen Stellen des Laubes hindurch sah man die Malvenkronen und die Strauchspitzen des tiefer gelegenen Gartens. Alles märchenhaft und wie verwunschen, und leiser noch als er in das Haus eingetreten war, stieg er jetzt die Stiege hinauf, bis er an der Schwelle der Hinterstube hielt. Es schien, dass Grete schlief, und einen Augenblick war er in Zweifel, ob er bleiben oder wieder gehen solle. Aber zuletzt rief er ihren Namen und sie sah lächelnd auf. „Komm nur", sagte sie, „ich schlafe nicht. Ich hüte ja das Kind. Willst du's sehen?"

„Nein", sagte er, „lass es. Sehen wir's an, so wecken wir's, und ist es wach, so schreit es. Und es soll nicht wach sein, und noch weniger soll es schreien, denn ich will dich abholen. Alle Welt ist draußen auf der Burg, und du bist hier allein, als wärst du die Magd im Haus oder die Kindermuhme. Komm, es sieht uns niemand. Wir gehen an den Gärten hin, und die Stadtmauer gibt uns Schatten. Und sind wir erst oben, da tun wir, als fänden wir uns. Sieh, ich bin so neugierig. Und du bist es auch, nicht wahr? Er ist ja doch eigentlich unser Landesherr. Und am End ist es ein Unrecht, ihn nicht gesehen zu haben, wenn man ihn sehen *kann*. Ich glaube, wir *müssen* ihn sehen, Grete. Was meinst du?"

Grete lachte. „Wie gut du die Worte stellen kannst. Sonst heißt es immer, Eva sei schuld; aber heute nicht. *Du* bered'st mich, und ich soll tun, was sie mir verboten."

„Ach, wer?"

„Nun, du weißt es ja; Trud. Und da sitz ich nun hier und gehorche. Und dann ist das Kleine..."

„Lass nur. Es schläft ja. Und Regine hütet es so gut wie du. Komm, und eh das Fest aus ist, sind wir wieder da. Und du setzest dich an deinen alten Platz, und niemand weiß es. Und die schlafenden Kinder haben ihren Engel."

„Nun gut, ich komm." Und dabei rief sie nach der Regine, die neben dem Küchenherde saß, und ehe noch der Pfau draußen auf dem Hofe gekreischt und sein Rad geschlagen hatte, was er, wenn er Greten sah, immer zu tun pflegte, waren sie schon an ihm vorbei und zur Gartenpforte hinaus, und gingen im Schatten der Stadtmauer, ganz wie Valtin es gewollt hatte, bis an das Wassertor, und dann über die Tangerwiesen auf die Vorstadt zu. Niemand begegnete ihnen hier; alles war wie ausgestorben; und erst als sie die „Freiheit" passiert und den äußeren Burghof erreicht hatten, sahen sie, dass hier die kleinen Leute samt ihrem Gesinde zu vielen Hunderten standen und den Raum bis an die Zugbrücke hin so völlig füllten, dass an ein Hineinkommen in den inneren Burghof gar nicht zu denken war.

Und so schlug denn Valtin vor, wieder hügelabwärts zu steigen und drüben auf den Elbwiesen einen Spaziergang zu machen. Grete war es zufrieden und erst als sie den Fährmann angerufen und den Fluss gekreuzt hatten, wandten sie sich wieder, um nun unbehindert auf die goldig im Scheine der Spätnachmittagssonne daliegende Burg zurückzusehen und in die von drüben her herüberklingenden Lebehochs miteinzustimmen.

Aber bald waren sie's müd, und sie gingen tiefer in die hoch in Gras stehende, mit Ranunkeln und rotem Ampfer übersäte Wiese hinein, bis sie zuletzt an einen niedrigen, mit Werft und Weiden besetzten Erdwall kamen, der sich quer durch die weite Wiesenlandschaft zog. Auf der Höhe dieses Walles lag ein Feldstein von absonderlicher Form und so dicht mit Flechten überwachsen, dass sich ein paar halbverwitterte Schriftzeichen daran nur mühsam erkennen ließen. Und auf diesen Feldstein setzten sie sich.

„Was bedeutet der Stein?", fragte Grete.

„Ich weiß es nicht. Vielleicht ein Wendengrab."

„Wie denn?"

„Weißt du denn nicht? Dies ist ja das Feld, wo die große Tangerschlacht war. Heiden und Christen. Und die Heiden siegten. Und zu beiden Seiten des Erdwalls, auf dem wir hier sitzen, *vor* uns bis dicht an den Wald und *hinter* uns bis dicht an den Fluss, liegen sie zu vielen Tausenden."

„Ich glaub es nicht. Und wenn auch, ich mag nicht davon hören. Auch nicht, wenn die Christen gesiegt hätten ... Aber sieh, wie schön." Und dabei zeigte sie mit der Hand auf die vor ihnen ausgebreitete Landschaft, die sie jetzt erst, von dem hochgelegenen Stein aus, mit ihrem Blick umfassen konnten. Es war dasselbe Bild, das sie letzten Herbst schon von der Burg und dem Gemäuer aus vor Augen gehabt hatten, nur die Dörfer, die damals mit nichts andrem als ihren Kirchturmspitzen aus dem Schattenstriche des Waldes hervorgeblickt, lagen heute klar und deutlich vor ihnen, und die Strohdächer mit ihren Storchennestern ließen sich überall erkennen.

„Weißt du, wie die Dörfer heißen?", fragte Grete.

„Gewiss weiß ich's. Das hier rechts ist *Buch*, wo der Herr von Buch lebte, der einen Schatz in unsrer Tangermünder Kirche viele Jahre lang verborgen hielt, um ihn zuletzt als Lösegeld für seinen Herrn Markgrafen zu zahlen. Denn die Magdeburger hatten ihn gefangen genommen. Und er hieß Markgraf Otto. Otto mit dem Pfeil. Ein schöner Herr und sehr ritterlich, und war ein Dichter und liebte die Frauen. Weißt du davon?"

„Nein ... Aber hier das Dorf mit dem blanken Wetterhahn?"

„Das ist *Fischbeck*."

„Ach, das kenn ich. Da wohnt ja der alte Pfarr ... aber nun hab ich seinen Namen vergessen. Oh, von dem weiß ich. Der war eines Fischbecker Bauern Sohn und sollte seines Vaters Pferde hüten. Aber er wollt' es nicht und lief ihm fort, denn er wusst' es bestimmt in seinem Herzen, dass er ein Geistlicher und ein frommer Mann werden müsse. Und er wurd' es auch, und nun hütet er am selben Ort sein Amt und seine Gemeinde. Und sein Vater hat es noch erlebt."

„Aber Grete, woher weißt du nur das alles? Die Geschichte von der großen Tangerschlacht und von dem Tangermünder Schatze, die weißt du *nicht*, und die von dem Fischbecker Pastor weißt du so genau!"

Grete lachte. „Und weißt du, wie lang ich sie weiß? Seit gestern. Und weißt du, von wem? Von Gigas."

„Das musst du mir erzählen."

„Freilich. Das will ich auch. Aber da muss ich weit ausholen."

„Tu's nur. Wir haben ja Zeit."

„Nun sieh, Valtin, du weißt, ich bin immer weit fort; weit fort in meinen Gedanken. Und du weißt auch, um deshalb halt ich's aus. Und immer abends, wenn ich mit der Regine bin, les ich von Kindern oder schönen Prinzessinnen, die vor einem bösen König oder einer bösen Königin geflohen sind, und es gibt viele solche Geschichten, und nicht bloß in Märchenbüchern, viel, viel mehr, als du dir denken kannst, und mitunter ist es mir, als wären alle Menschen irgendeinmal ihrem Elend entlaufen."

Valtin schüttelte den Kopf.

„Du schüttelst den Kopf. Und sieh, das tu ich auch. Oder doch von Zeit zu Zeit. Und so war es auch gestern, denn ich hatte wieder einen Traum gehabt, wieder von Flucht, und es war, als flög ich, und mir war im Fliegen so wohl und so leicht. Aber als ich aufwachte, war ich bedrückt und unruhig in meinem Gemüt. Und da dacht' ich, das soll ein Ende haben: du wirst Gigas fragen, der soll dir sagen, ob es etwas Böses ist, zu fliehen. Und so ging ich zu ihm, gestern um die Mittagsstunde, trotzdem ich wohl gehört hatte, dass er selber in Sorg und Unruh sei."

„Und wie fandest du ihn?"

„Ich fand ihn in seinem Garten zwischen den Beeten, und wir gingen auf und ab, wie er's gern tut, und sprachen vielerlei, und zuletzt auch von unserm Herrn Kurfürsten, der, wie wir ja schon wussten, eine Nacht und einen Tag auf seiner Tangermünder Burg zu verbleiben gedenke. Und als ich sah, dass er sich in seinem Gewissen sorgte, gerade so wie sich's Trud und Gerdt, als sie von ihm sprachen, in unsrem Hause schon zugeflüstert hatten, da fasst' ich mir ein Herz und fragt' ihn: Was er wohl mein'? Ob Flucht allemalen ein bös und unrecht Ding sei? Oder ob es nicht auch ein rechtmäßig und zuständig Beginnen sein könne?"

„Und was antwortete er dir?"

„Er schwieg eine ganze Weile. Als wir aber an die Bank kamen, die zu Ende des Mittelganges steht, sagte er: ‚Setz dich, Gret. Und nun sage mir, wie kommst du zu solcher Frag?' Aber ich gab ihm keine Antwort und wiederholte nur alles und sah ihn fest dabei an. Und all' das konnt' ich, ohne mich ihm zu verraten, denn ich hatte wohl bemerkt, dass er an nichts als an den gnädigen und gestrengen Herrn Kurfürsten dachte, der genferisch geworden, und dass er immer nur alles Fährliche vor Augen sah, was ihm selber noch bevorstehen könne. Und endlich nahm er meine Hand und sagte: ‚Ja, Grete, das ist eine schwere Frag, und ich denke, wir müssen zum Ersten allemal beten, dass wir nicht in Versuchung fallen, und zum Zweiten, dass uns die Gnade Gottes überall, wo wir zweifelhaft und unsicher in unsrem Gemüte sind, den rechten Weg finden lasse. Denn die richtigen Wege sind oft wechselvolle Wege, und wenn es heut unsre Pflicht ist, zu gehorchen und auszuharren, so kann es morgen unsre Pflicht sein, *nicht* zu gehorchen und uns durch Flucht einem schlimmen Ansinnen zu entziehn. Aber eines gilt heut und immerdar: wir müssen in unsrem Tun, ob wir nun fliehen oder ausharren, einem höheren Rufe Folge leisten.' Und nun erzählte er mir von dem Fischbeck'schen Pastor und seiner Flucht."

„Aber er muss dir doch noch mehr erzählt haben?"

„Nein. Vielleicht dass er's getan, aber der alte Peter Guntz kam und unterbrach uns. Und ich wusste ja nun auch, was ich wissen wollt' und dass auch eine Flucht das Rechte sein könne. Und als ich heimging, zählt' ich mir her, wer alles geflohen sei. Joseph und Maria floh. Und auch Petrus floh aus seinem Gefängnis."

„Aber ein Engel des Herrn führte sie", sagte Valtin. „Und sie flohen um Gott und Glaubens willen."

Es schien, dass diese Worte Greten ins Gewissen trafen, denn sie schwieg. Endlich aber sagte sie: „Ja, um Gott und Glaubens willen. Aber auch um Lebens und Rechtes willen. Ich mag kein *Unrecht* sehen und auch keines leiden."

„Du weißt aber, dass wir Geduld üben und unsere Feinde lieben sollen."

„Ja, ich weiß es; aber ich kann es nicht."

„Weil du nicht willst."

„Nein, ich will es nicht."

Und als sie so weit gesprochen, wandten sie sich wieder und sahen, dass der Sonnenball unter war und die Burgtürme bereits im Abendrote glühten. „Es ist Zeit, dass wir heimgehen", sagte Valtin, „oder wir verpassen's, und Trud ist eher zu Haus als wir."

„Lass sie", sagte Grete leicht. „Ich mag nicht mehr nach Haus. Mir ist, als wäre dies mein letzter Tag und als müsst ich fort. Heute noch. Gleich. Willst du?"

Valtin sah sie bang und fragend an.

„Du willst nicht? Sag's nur. Du fürchtest dich."

„Ich will, Grete. Ganz gewiss, ich will. Aber ich muss es einsehen, dass es nicht anders geht. Und hab ich dir's anders versprochen, damals auf der Burg, als die Mädchen sangen und die Sommerfäden zogen, so darfst du mich nicht beim Worte nehmen. Es war ein Unrecht."

Sie warf den Kopf, aber sagte nichts, und nahm seinen Arm. Und so schritten sie wieder auf die Fähre zu. Die Sterne waren bald herauf und spiegelten sich in dem stillen Strom, während Mückenschwärme wie Rauchsäulen über ihnen standen. Oben auf der Burg schimmerten noch die Lichter, sonst aber war alles still und nur aus weiter Ferne her hörte man noch ein Singen, das mehr und mehr verklang. Es waren die kleinen Leute, die, samt ihrem Gesinde, vom Außenhofe her wieder in die Stadt zogen. Und dazu klatschten eintönig die Ruderschläge des Fährboots, und nun lief es auf, und Valtin und Grete sprangen ans Ufer.

Die Stadt gedachten sie so weit wie möglich zu meiden und nahmen ihren Weg an den Tangerwiesen hin, über die jetzt, mit ihnen zugleich, feuchte, weiße Nebel zogen. Die hohen Nachtkerzen ragten mit ihren Spitzen über die Nebelstreifen fort und mischten ihren Duft mit dem Dufte des Heues, das frisch gemäht zu beiden Seiten des Weges lag. Sie sprachen nicht, und Valtin suchte nur den Fledermäusen zu wehren, die, von dem alten Kirchengemäuer her, neben und über ihnen flatterten. So kamen sie bis an das Wassertor und bogen in denselben Zirkelgang ein, auf dem sie gekommen waren, immer zwischen den Gärten und der Stadtmauer hin. Und nun hielten sie vor der Mindeschen Gartenpforte.

„Gute Nacht, Valtin", sagte Grete ruhig und beinah gleichgültig. Als dieser aber ging, ohne sich umzusehen, rief sie noch einmal seinen Namen. Und er wandte sich wieder und lief auf sie zu. Und sie umarmten sich und küssten sich. „Vergiss, Valtin, was ich gesagt hab. Ich weiß, dass du dich nicht fürchtest. Denn du liebst mich. Und die sich lieben, die fürchten sich nicht. Und nun noch eines. Komm in einer halben Stund in den Garten, in euren, und wart auf mich. Mir ist so wunderlich, und ich muss dich noch sehen. Denn sieh, ich weiß es, es geschieht etwas; ich fühl es ganz deutlich hier." Und dabei legte sie die Hand aufs Herz und zitterte.

Und er versprach es, und sie trennten sich.

13.
Flucht

Die Pforte war nur angelehnt, und schon vom Garten aus ließ sich's erkennen, dass Trud inzwischen ins Haus zurückgekehrt sein müsse. Die Fenstervorhänge hingen noch herab und das rasch wechselnde Schattenspiel zeigte deutlich, dass ein Licht dahinter hin und her getragen wurde. Grete stieg nun die Stufen hinauf, die von dem Garten in den Hof führten, drückte das Gitter ins Schloss und fühlte sich, über Flur und Treppe hin, bis an das Hinterzimmer des oberen Stocks. Die Türe stand noch offen, wohl der Schwüle halber, und Grete sah hinein. *Was* sie sah, war nur das Erwartete. Die Wiegendecke lag zurückgeschlagen, und Trud, in allem Putz und Staat, den sie bei der Festlichkeit getragen, mühte sich in gebückter Stellung um das Kind, das still dalag und nur dann und wann in Krämpfen zusammenzuckte. Ihre hohe Krause war zerdrückt, ihr Haar halb herabgefallen; ihren silbernen Hakengürtel aber, der ihr beim Aufnehmen und Niederlegen des Kindes hinderlich gewesen sein mochte, hatte sie von sich getan und über das Fußbrettchen der Wiege gehängt. Und jetzt richtete sie sich auf und sah Greten vor sich stehen.

„Ei, Grete. Schon da!", sagte sie bitter, aber ersichtlich noch mit ihrer inneren Erregung kämpfend. „Wo warst du?"

„Fort."

„Fort? Und ich hatt' es dir doch verboten."

„Verboten?"

„Ja! Und nun sieh das Kind. Ein Wunder Gottes, wenn es uns am Leben bleibt. Und wenn es stirbt, so bist *du* schuld."

„Das darfst du nicht sagen, Trud", antwortete Grete ruhig, während es um ihren Mund zuckte. „Schilt mich. Schilt mich, dass ich ging, das darfst du, das magst du tun. Aber du darfst mich nicht schelten um des Kindes willen. An dem Kind ist nichts versäumt. Ich ließ es bei Reginen, und Regine, was sag ich, ist dreißig Jahr im Haus. Und war Kindermuhme bei Gerdt, und dann war sie's bei mir, und hat mich großgezogen."

„Ja, das hat sie. Aber wozu? *Du* weißt es und *ich* weiß es auch. Und die *Stadt* wird es bald genug erfahren ... Armes Ding du! Aber 's ist Erbschaft."

„Sage nicht *das*, Trud. Nichts von *ihr*. Ich will davon nicht hören."

„Aber du *sollst* es. Undankbare Kreatur!"
Grete lachte.

„Lache nur, Bettelkind! Denn das bist du. Nichts weiter. Eine fahrende Frau war sie, und keiner weiß, woher sie kam. Aber jetzt kennen wir sie, denn wir kennen *dich*. Eine fremde Brut seid ihr, und der Teufel sieht euch aus euren schwarzen Augen."

„Das lügst du."

Trud aber, ihrer Sinne nicht mehr mächtig, erhob ihre Hand und schlug nach ihr.

Grete war einen Schritt zurückgetreten, und es flimmerte ihr vor den Augen. Dann, ohne zu wissen was sie tat, griff sie nach dem über der Wiege hängenden Gürtel und schleuderte ihn der verhassten Schwieger ins Gesicht. Diese, vor Schmerz aufschreiend, wankte und hielt sich mühsam an einem hinter ihr stehenden Tischchen, und Grete sah nun, dass die scharfen Ecken des langen silbernen Gehänges Truds Stirn oder Schläfe schwer verletzt haben mussten, denn ein Blutstreifen rann über ihre linke Wange. Aber sie schrak vor diesem Anblick nicht zurück und hatte nichts als das doppelt selige Gefühl ihres befriedigten Hasses und ihrer errungenen Freiheit. Ja, Freiheit! Sie war dieses Haus nun los. Denn das stand fest in ihrer Seele, dass sie nicht länger bleiben könne. Fort. Gleich. Und sie flog die Treppe hinab und über Flur und Hof in den Garten.

Da wuchsen wieder die Himbeerbüsche wie damals, wo sie hier mit Valtin zwischen dem hohen Gezweig gestanden und über den Hänfling und sein Nest geplaudert hatte; aber ihre verwilderte Seele dachte jener Stunden stillen Glückes *nicht* mehr. Sie kletterte nur rasch hinauf und horchte gespannt, ob Valtin schon da sei. Er war es noch nicht. Und so sprang sie vom Zaun in den Zernitzschen Garten hinunter und versteckte sich in der Laube.

Denn dass er kommen würde, das wusste sie.

Eine Viertelstunde war vergangen, als Grete Schritte vom Hofe her hörte. Er war es und sie lief ihm entgegen. „Valtin, mein einziger Valtin. Ach, dass du nun da bist! Es ist gekommen, wie's kommen musste." Und nun erzählte sie was geschehen. „Ich wusst' es. Alles, alles. Und ich muss nun fort. Diese Nacht noch. Willst du, Valtin?"

Sie waren, während Grete diese Worte sprach, vorsichtshalber, um nicht gesehen zu werden, von dem Mittelsteige her auf die Schattenseite des Gartens getreten, und Valtin sagte nur: „Ja, Gret, ich will. Was es wird, ich weiß es nicht. Aber ich sehe nun, du musst fort. Und das hab ich mir geschworen, so ich's nur einseh, dass du fort musst, so will ich's auch, und will mit dir. Und dann sieh, ich bin ja doch eigentlich schuld. Denn du wolltest nicht weg von dem Kind, und ich hab dich überredet und dich trotzig gemacht und dich gefragt, wer dir's denn verbieten wolle?"

„Sage nicht nein", fuhr er fort, als er sah, dass sie den Kopf schüttelte. „Es ist so. Und am Ende, was tut's? Du oder ich, es ist all eins, wer die Schuld hat. Es musste zuletzt doch so kommen, für dich und für mich. Auch für mich. Glaub es nur. Emrentz ist nicht wie Trud, und wir leben jetzt eigentlich gut miteinander. Aber auf wie lang? Es ist ein halber Frieden, und der Krieg steht immer vor der Tür. Eine Stief ist eine Stief, dabei bleibt's. Und so viel sie lacht, sie hat doch kein Herz für mich, und wo das Herz fehlt, da fehlt das Beste."

„So willst du?"

„Ja, Grete."

„So lass uns gehen. In einer Stunde schon. Um elf wart ich draußen ... Und nun eile dich; denn mir brennt der Boden unter den Füßen."

Und damit trennten sie sich.

*

Als Grete gleich darauf wieder drüben in ihrem eigenen Garten war, huschte sie den Zaun entlang und an dem Weinspalier vorbei bis auf den Hof. Hier aber befiel es sie plötzlich, dass sie, beim Eintreten in das Haus, vielleicht ihrem Bruder Gerdt begegnen könne, der, wenn gereizt, nach Art schwacher und abgespannter Naturen, alle Müdigkeit abtun und in Wutausbrüche geraten konnte. Wenn er ihr jetzt in den Weg trat? Wenn er sie misshandelte? Sie zitterte bei dem Gedanken und schlich so geräuschlos wie möglich die Treppe hinauf. Als sie bei der nur angelehnten Türe des Hinterzimmers vorüber kam, hörte sie, dass Trud und Gerdt miteinander sprachen.

„Sie muss aus dem Haus", sagte Trud, „ich mag die Hexe nicht länger um mich haben."

„Aber wohin mit ihr?", fragte Gerdt. „Das findet sich; wo ein Will ist, ist auch ein Weg, – sagt das Sprichwort. Ich hab an die Nonnen von Arendsee gedacht, das ist nicht zu nah und nicht zu weit. Und da gehört sie hin. Denn sie hat ein katholisch Herz, trotz Gigas, und immer wenn sie mit mir spricht, so sucht sie nach dem Kapselchen mit dem Splitter und hält es mit ihren beiden Händen fest. Und schweigt sie dann, so bewegen sich ihre Lippen, und ich wollte schwören, dass sie zur heiligen Jungfrau betet."

Mehr konnte sie nicht erlauschen, denn das Kind, das bis dahin ruhig gelegen, begann wieder zu greinen, und Grete benutzte den Moment und fühlte sich vorsichtig weiter bis an das zweite Treppengeländer und in ihre Giebelstube hinauf.

Der Mond schien auf die Dächer gegenüber, und sein zurückfallender Schein gab gerade Licht genug, um alles deutlich erkennen zu lassen. Die Tür zu der Kammer nebenan stand offen, und Regine saß eingeschlafen am Fußende des Bettes. „'s ist gut so", sagte Grete und öffnete Schrank und Truhe, nahm heraus, was ihr gut dünkte, band ein schwarzes Seidentuch um ihren Kopf und verbarg unter ihrem Mieder ein kleines Perlenhalsband, das ihr, an ihrem Einsegnungstage, vom alten Jakob Minde geschenkt worden war. Anderes hatte sie nicht. Und nun war sie fertig und hielt ihr Bündel in Händen. Aber sie konnte noch nicht fort. Nicht so. Und an der Schwelle der Kammertür kniete sie nieder und rief Gott um seinen Beistand an, auch um seine Verzeihung, wenn es ein Unrecht sei, was sie vorhabe. Und heiße Tränen begleiteten ihr Gebet. Dann erhob sie sich und küsste Reginen, die schlaftrunken auffuhr und den Namen ihres Lieblings nannte; aber ehe sie den Schlaf völlig abschütteln und sich wieder zurechtfinden konnte, war Grete fort und glitt, mit ihrer Rechten sich aufstützend, die steilen Stufen der Oberstiege hinunter. Und nun horchte sie wieder. Das Kind wimmerte noch leis und die Wiege ging in heftiger Schaukelbewegung, während Trud, über das Kind gebeugt, rasch und ungeduldig ihre Wiegenlieder summte; Gerdt schwieg. Vielleicht, dass er schon schlief.

Und im nächsten Augenblicke war sie treppab, über Hof und Garten, und hielt draußen an der Pforte.

Valtin wartete schon. Er hatte sich zu dem Joppenrock, den er gewöhnlich trug, auch noch in eine dicke Friesjacke gekleidet, und in dem wuchernden Grase vor ihm lag eine schmale, hohe Leiter, wie man sie um die Kirschenzeit von außen her an die Bäume zu legen pflegt. Grete trat auf ihn zu und gab ihm die Hand. Der breite Schatten, der auf das Gras fiel, hinderte sie, die Leiter zu sehen, desto deutlicher aber sah sie seine winterliche Einkleidung. Und sie lachte. Denn der Sinn für das Komische war ihr geblieben. Und Valtin lachte gutmütig mit und sagte: „'s ist für *dich*, Grete, wenn du frierst. Die Nacht ist kalt, auch eine Sommernacht." Und derweilen schlug es elf und die Glockenschläge mahnten sie wieder an das, was sie vorhatten. Valtin legte die Leiter an die Mauer und Grete stieg hinauf. Und im nächsten Augenblicke war er selber oben und zog die Leiter nach und stellte sie nach außen. Und nun waren sie frei. Sie sahen sich an und atmeten auf, und der Zauber des um sie her liegenden Bildes ließ sie minutenlang ihres Leids und ihrer Gefahr vergessen. Die Nebel waren fortgezogen, silbergrüne Wiesen dehnten sich hüben und drüben, und dazwischen flimmerte der Strom, über den der Mond eben seine Lichtbrücke baute. Nichts hörbar als das Gemurmel des Wassers und die Glocken, die von einigen Stadtkirchen her verspätet nachschlugen.

Beide hatten sich angefasst und eilten raschen Schrittes auf den Fluss zu.

„Willst du hinüber?", fragte Grete.

„Nein, ich will nur einen Kahn losmachen. Sie glauben dann, wir seien drüben."

Und als sie bald danach den losgebundenen Kahn inmitten des Stromes treiben sahen, hielten sie sich wieder seitwärts, über die tauglitzernden Tangerwiesen hin, bogen in weitem Zirkel um den Burghügel herum und mündeten endlich auf einen Feldweg ein, der, hart neben der großen Straße hin, auf den Lorenzwald zuführte.

Als sie seinen Rand beinah erreicht hatten, sagte Grete: „Ich fürchte mich."

„Vor dem Wald?"

„Nein. Vor dir."

Valtin lachte. „Ja, das ist nun zu spät, Grete. Du musst es nun nehmen, wie's fällt. Und wenn ich dir deinen kleinen Finger abschneide oder dich tot drücke vor Hass oder Liebe, du musst es nun leiden."

Er wollt' ihr zärtlich das Haar streicheln, so weit es aus dem schwarzen Kopftuche hervorsah, aber sie machte sich los von ihm und sagte: „Lass. Ich weiß nicht, was es ist, aber solange wir in dem Wald sind, Valtin, darfst du mich nicht zärtlich ansehen und mich nicht küssen. Unter den Sternen hier, da sieht uns Gott, aber in dem Walde drin ist alles Nacht und Finsternis. Und die Finsternis ist das Böse. Ich weiß es wohl, dass es kindisch ist, denn wir gehören ja nun zusammen in Leben und in Sterben, aber ich fühl es so, wie ich dir's sag, und du musst mir zu Willen sein. Versprich es."

„Ich versprech es. Alles was du willst."
„Und hältst es auch?"
„Und halt es auch."

Und nun nahm sie wieder seine Hand, und sie schlugen den Weg ein, der sie bis an die große Waldwiese führte. Hier war es taghell fast, und sie zeigten einander die Stelle, wo der Maibaum damals gestanden, und wo sie selber, am Schattenrande der Lichtung hin, auf den umgestülpten Körben gesessen und dem Taubenschießen und dem Tanz um die Linde her zugesehen hatten. Und dann gingen sie weiter waldeinwärts, immer einen breiten Fußpfad haltend, der sich nur mitunter im Gestrüpp zu verlieren schien.

Sie sprachen wenig. Endlich sagte Grete: „Wohin gehen wir?"
„Ins Lüneburg'sche, denk ich. Und dann weiter auf Lübeck zu. Da hab ich Anhang."
„Und weißt du den Weg?"
„Nein, Grete, den Weg nicht, aber die Richtung. Immer stromabwärts. Es kann nicht weiter sein als fünf Stunden; dann haben wir die Grenze, die bei Neumühlen läuft. Und die Tangermünd'schen Stadtreiter, auch wenn sie hinter uns her sind, haben das Nachsehen."
„Glaubst du, dass sie sich eilen werden, uns wieder zurückzuholen?"
„Vielleicht."
„Ja. Aber auch nichts weiter. Sie werden uns ziehen lassen und froh sein, dass wir fort sind. Und wenn dein Vater es anders will, so wird's ihm Emrentz ausreden. Und wenn nicht Emrentz, so doch Trud." Und nun erzählte sie das Gespräch zwischen Trud und Gerdt, das sie von der nur angelehnten Türe des Hinterzimmers aus belauscht hatte.

So mochten sie zwei Stunden gegangen sein, und der Mond war eben unter, als Grete leise vor sich hin sagte: „Lass uns niedersitzen, Valtin. Meine Füße tragen mich nicht mehr." Und es war alles wie damals, wo sie sich als Kinder im Walde verirrt hatten. Er aber bat sie, brav auszuhalten, bis sie wieder an eine hellere Stelle kämen. Und siehe, jetzt war es wirklich, als ob sich der Wald zu lichten begänne, die Stämme standen in größeren Zwischenräumen, und Valtin sagte: „Hier, Grete, hier wollen wir ruh'n." Und todmüde, wie sie war, warf sie sich nieder und streckte sich ins Moos. Und schon im nächsten Augenblicke schlossen sich ihre Wimpern. Er schob ihr ihr Reisebündel als Kissen unter und deckte sie leise mit seiner Winterjacke zu, von der er sich selber nur ein Zipfelchen gönnte.

Und dann schlief er an ihrer Seite ein.

14.
Auf dem Floß

Als sie wieder erwachten, lag alles um sie her in hellem Sonnenschein. Sie hatten dicht am Rande des großen Lorenzwaldes geschlafen, der hier mit einer vorspringenden Ecke bis hart an den Strom trat, und der rote Fingerhut stand in hohen Stauden um sie her. Ein paar seiner Blüten hatte der Morgenwind auf Greten herabgeschüttelt, und diese nahm eine derselben und sagte: „Was bedeutet es mir? Es ist eine Märchenblume."

„Ja; das ist es. Und es bedeutet dir, dass du eine verwunschene Prinzessin oder eine Hexe bist."

„Das darfst du nicht sagen."

„Und warum nicht?"

„Weil es Trud immer gesagt hat... Aber weißt du, Valtin, dass ich Hunger habe?"

Und damit erhoben sie sich von ihrer Lagerstatt und gingen plaudernd immer am Wasser hin, bis sie weiter flussabwärts, wo der Waldvorsprung wieder einbog, an ein Fähr- oder Forsthaus kamen. Oder vielleicht auch war es beides. Anfangs wollten sie gemeinschaftlich eintreten, aber Valtin besann sich eines andern und sagte: „Nein, bleib; es ist besser, ich geh allein." Und eine kleine Weile, so kam er mit Brot und Milch zurück und hielt, als er Gretens ansichtig wurde, die Hände schon von weitem in die Höh, um zu zeigen, was er bringe, und sie setzten sich ins hohe Gras, den Fluss zu Füßen und den Morgenhimmel über sich. „Wenn es uns immer so schmeckt...", sagte Valtin. Und Grete sah ihn freundlich an und nickte.

Als sie so saßen und mehr träumten als sprachen, bemerkten sie, dass mitten auf dem Strom ein großes Floß geschwommen kam, lange zusammengebolzte Stämme, auf denen sich vier Personen deutlich erkennen ließen: drei Männer und eine Frau. Zwei von den Männern standen vorn an der Spitze des Floßes, während der dritte, der seinen raschen und kräftigen Bewegungen nach der jüngste zu sein schien, das ungefüge Steuer führte. „Was meinst du", sagte Valtin, „wenn wir mitführen? Du bist müde vom Gehen. Und mitten auf dem Strom, da sucht uns niemand."

Grete schien zu schwanken; Valtin aber setzte hinzu: „Lass es

uns versuchen; ich ruf hinüber, und halten sie still und machen ein Boot los, nun, so nehmen wir's als ein Zeichen, dass es sein soll."
Und er sprang auf und rief: „Hoiho", ein Mal über das andere.

Die Flößer verrieten anfänglich wenig Lust, auf diese Zurufe zu achten, als Valtin aber nicht abließ, machte der am Steuer Stehende den Kahn los, der hinter dem Floße herschwamm, und war im nächsten Augenblicke mit ein paar Ruderschlägen am diesseitigen Ufer.

„Hoiho! Was Hoiho?"

Valtin hörte nun wohl, dass es Wenden oder Böhmen waren, die bis Hamburg wollten, und trug sein Anliegen vor, so gut es ging. Der Böhmake verstand endlich und bedung sich einen Lohn aus, der so gering war, dass ihn Valtin gleich als Angeld zahlte.

Und nun fuhren sie nach dem Floß hinüber.

Als sie neben demselben anlegten, fanden sich auch die beiden andern Männer ein, zu denen nun der Jüngere sprach und ihnen das Geldstück überreichte. Sie schienen's zufrieden, und der Älteste, schon ein Mann über fünfzig, und allem Anscheine nach der Führer, lüpfte seine viereckige, mit Pelz besetzte Mütze und bot Greten und gleich darauf auch Valtin seine Hand, um ihnen beim Hinaufsteigen auf das Floß behülflich zu sein. Es war ziemlich an der Hinterseite, nicht weit von dem großen Drehbalken, der als Steuer diente, und unsere beiden Flüchtlinge nahmen in Nähe desselben Platz. Alles gefiel ihnen, und Grete freute sich, dass Valtin den Mut gehabt und die Flößer angerufen hatte; am besten aber gefiel ihnen der Mann am Steuer, der lebhaft und lustig war und sich beflissen zeigte, sie zu zerstreuen und ihnen den Aufenthalt angenehm zu machen. Er plauderte mit ihnen, so gut es ein paar Wörter zuließen, und war erfinderisch in immer neuen Aufmerksamkeiten.

Als die Sonne schon ziemlich hoch stand, sah er, dass die vom Wasser zurückgeworfenen Strahlen die jungen Leute blendeten, und kaum dass er es wahrgenommen, als er auch schon das Steuer in Valtins Hand legte und sich daran machte, mit Benutzung umherliegender Bretter aus einem großen Stück Segelleinwand ein Zelt für seine Schutzbefohlenen aufzurichten. Sie setzten sich unter das Dach und genossen nun erst der eigentümlichen Schönheit ihrer Fahrt. Am Ufer hin stand das hohe Schilf, und wenn dann das Floß den grünen Schilfgürtel streifte, flogen die Wasservögel in ganzen Völkern auf und fielen plätschernd und schreiend an weiter flussabwärts gelegenen Stellen wieder ein. Der Himmel wölbte sich immer blauer, und ein Mittagswind, der sich aufgemacht hatte, strich frisch an ihnen vorüber und kühlte die Tageshitze. Vorne, durch die ganze Länge des Floßes von ihnen getrennt, standen nach wie vor die beiden älteren Männer und angelten; ihre Haltung aber zeigte nur zu deutlich, dass sie mit dem Ertrag ihres Fanges wenig zufrieden waren. Waren es doch immer nur kleine Fische, die, sooft sie die Schnur zogen, in der Sonne hell aufblitzten. Jetzt aber gab es einen Freudenschrei, und ein Breitfisch, so groß und schwer, dass die Schnur am Reißen war, flog mit einem Ruck an Bord. Das war es, worauf sie gewartet hatten, und sie schütteten nun die neben ihnen stehende Kufe mitsamt ihrem Inhalt wieder aus, füllten sie frisch mit Wasser und trugen ihren großen Fang wie im Triumph auf die Mitte des Floßes, wo schon seit einiger Zeit ein hell aufwirbelnder Küchenrauch die Vorbereitungen zu einer Mahlzeit anzudeuten schien. Und in der Tat hantierte hier emsig und lärmend ein junges Frauenzimmer umher, das mit seinen stechenden, kohlschwarzen Augen wohl dann und wann zu den neuen Ankömmlingen flüchtig herübergesehen, im Übrigen aber durch seine ganze Haltung weder Freude noch Teilnahme bezeigt hatte.

Und immer weiter ging die Fahrt, und immer stiller wurde der Tag. Auch der Mann am Steuer schwieg jetzt, und Valtin und Grete hörten nichts mehr als das Gurgeln des Wassers und das Gezirp im Rohr und dazwischen den Küchenlärm, in dem sich das junge Frauenzimmer, je näher die Mahlzeit rückte, desto mehr zu gefallen schien. Und jetzt nahm sie einen blanken Teller, hielt ihn hoch und schlug mit einem Quirl an die Außenseite. Das war das Zeichen, und alle versammelten sich um die Feuerstelle her. Nur Valtin und Grete waren zurückgeblieben; aber der Alte kam alsbald auf sie zu, und nach kurzer Ansprache, von der sie nichts verstehen konnten, nahm er Greten an der Hand und führte sie, während er die gangbarsten und trockensten Stellen aussuchte, bis auf die Mitte des Floßes.

Und jetzt erst erkannten unsre Flüchtlinge, wie sonderbar, aber auch wie zweckentsprechend, die hier befindliche Kochgelegenheit aufgebaut und eingerichtet war. Das ganze Floß, auf mehr als zehn Schritt im Quadrat, war wie mit einem dicken Rasen überdeckt, auf dem sich wiederum, ebenfalls aus Rasenstücken aufgeschichtet, ein wohl drei Fuß hoher und unverhältnismäßig breiter und geräumiger Herd erhob. In diesen waren Löcher eingeschnitten, und in den Löchern standen Töpfe, um die mehrere kleine Feuer lustig flackerten. Und nun setzten sich die Männer in Front des Herdes, sodass sie den Fluss hinuntersehen konnten, und nahmen ihr Mahl ein, das zunächst aus einer Brühe mit Huhn und Hirse, dann aber aus dem Breitfisch, dem letzten Ertrag ihres Fanges, bestand. Alle ließen sich's schmecken; und als Valtin, gegen den Schluss des Mahles hin, sich über ihr Wohlleben verwunderte, lachte der Alte und beschrieb einen Kreis mit seiner Rechten, als ob er andeuten wolle, dass ihm Ufer und Landschaft, mit allem was darauf fleucht und kreucht, tributpflichtig seien.

Und nun war das Mahl beendet, und Valtin und Grete, nachdem sie gedankt, erhoben sich und suchten wieder ihr Zelt in Nähe des Steuers auf.

Sie mussten, an Neumühlen vorüber, schon meilenweit gefahren sein und hätten sich zu jeglichem um sie her beglückwünschen können, wenn nicht das junge Frauenzimmer mit den blanken Flechten und den schwarzen Stechaugen gewesen wäre. Valtin hatte nichts bemerkt, aber der schärfer sehenden Grete war es nicht entgangen, dass sie seit Mittag kein Auge von ihnen ließ und ersichtlich etwas gegen sie vorhatte. Ob aus Eifersucht oder Habsucht, ließ sich nicht erkennen, aber etwas Gutes konnt' es nicht sein, und als der Tag sich neigte, rückte Grete näher und teilte Valtin ihre Besorgnisse mit. Dieser schüttelte den Kopf und wollte davon nichts wissen, und siehe da, auch Grete vergaß es wieder, als sich, gleich nach Sonnenuntergang, ein neues Leben auf dem Floße zu regen begann. Der Alte nahm eine Fiedel, und die Frauensperson, die sich mittlerweile geputzt und eine rote Schürze angelegt hatte, führte mit dem jungen Burschen einen böhmischen Tanz auf. Danach setzten sie sich an den Herd und sangen Lieder, die der Alte mit ein paar Strichen auf der Fiedel begleitete.

Und nun kam die Dämmerung und die Sterne begannen matt zu flimmern. Das Floß selbst hatte sich hart ans Ufer gelegt, das hier, anfänglich flach, dreißig Schritte weiter landeinwärts eine hohe, steile Wandung zeigte. Es war noch hell genug, um die rotgelben Töne des fetten Lehmbodens erkennen zu können. Alles schwieg, und nur Grete, der ihr Verdacht wiedergekommen war, sagte leise: „Valtin, ich habe doch Recht. Ich fürchte mich."

„Glaubst du wirklich, dass es böse Leute sind?"

„Nicht eigentlich böse Leute, aber sie werden der Versuchung nicht widerstehen können. Du hast ihnen Geld gezeigt, und die Frau hat gesehen, dass ich Schmuck trage. Sie werden uns berauben wollen. Und setzest du dich zur Wehr, so ist es unser letzter Tag."

Valtin überlegte hin und her und sagte dann: „Ich fürcht, es ist wie du sagst. Und so müssen wir wieder fliehen. Ach, immer fliehen! Auch noch auf der Flucht eine Flucht." Und er seufzte leise.

Grete hörte die Klage wohl heraus, aber sie hörte zugleich auch, dass es kein Vorwurf war, und so nahm sie seine Hand und sah ihn bittend an. Kannte sie doch ihre Macht über ihn. Und diese Macht blieb ihr auch diesmal treu, und alles war wieder gut.

Es traf sich glücklich, dass das Floß mit eben dem Hintereck, auf dem ihr Zelt stand, auf den Ufersand gefahren war. Sie teilten sich's mit und kamen überein, auf das Segeltuch, das sie den Tag über zu Häupten gehabt hatten, eine Silbermünze zu legen, und sobald alles schliefe, mit einem einzigen Satz ans Ufer zu springen. Wären sie dann erst die steile Lehmwand hinauf, so würde sie niemand mehr verfolgen. Und wenn es geschäh, so wär es ohne Not und Gefahr, denn Schiffsleute hätten einen schweren Gang und wären langsam zu Fuß.

Und während sie so sprachen, war der Mond aufgegangen. Das erschreckte sie vorübergehend. Aber es standen auch Wolken am Himmel, und so warteten sie, dass diese heraufziehen und den Mond überdecken möchten.

Und nun war es geschehen. „Jetzt", sagte Valtin, und den Beistand des Himmels anrufend, sprangen sie vom Floß ans Ufer. Das seichte Wasser, das hier um ein paar Binsen herstand, klatschte hoch auf; aber sie hatten dessen nicht Acht, und im nächsten Augenblicke die steile Lehmwand erkletternd, schritten sie rasch über das Feld hin und in die Nacht hinein.

Niemand folgte.

15.
Drei Jahre später

Drei Jahre waren seitdem vergangen, und wieder färbte der Herbst die Blätter rot; allüberall in der Altmark, und nicht zum wenigsten in dem Städtchen Arendsee, dessen endlos lange Straße, zugleich seine einzige, nach links hin aus Häusern und Gärten, nach rechts hin aus Klostergebäuden und zwischenliegenden Heckenzäunen bestand. Hinter einem dieser Heckenzäune, der abwechselnd von Dorn und Liguster gebildet wurde, ließ sich ein auf Säulen ruhender Kreuzgang erkennen, in dessen quadratischer Mitte der Klosterkirchhof lag, wild und verwahrlost, aber in seiner Verwahrlosung nur umso schöner. Einige hoch aufgemauerte Grabsteine schimmerten aus allerlei Herbstesblumen und dichtem Grase hervor, die meisten aber versteckten sich im Schatten alter Birnbäume, deren ungestützte Zweige mit ihrer Last bis tief zu Boden hingen. Vorüberziehende Fremde würden sich des Bildes gefreut haben, das eben jetzt, bei niedergehender Sonne, von absonderer Schönheit war; ein paar Arendseesche Bürger aber, Handwerker und Ackersleute zugleich, die mit ihrem Gespann vom Felde hereinkamen, achteten des wohl bekannten Anblicks nicht und hielten erst, als sie schon dreißig Schritt über den Heckenzaun hinaus waren und an der andern Seite der Straße dreier hoch bepackter Wagen ansichtig wurden, die hier, vor einer alten Ausspannung mit tiefer Einfahrt, den ohnehin schmalen Weg beinah versperrten.

„Süh, Kersten, doa sinn se all. Awers hüt wahrd et nix mihr."

„Nei, hüt nich. Un weet'st all, Hanne, se speelen joa nich blot mihr mit Zocken un Puppen. Se kümmen joa nu sülwer 'rut."

„Joa; so hebb ick't ook hürt. Richt'ge Minschen ... Jott, wat man nich allens erlewen deiht!"

Und damit gingen sie vorüber, weiter in die Stadt hinein.

Und es war so, wie die beiden Ackerbürger gesagt hatten. Puppenspieler, die, wie's dazumalen aufkam, ihre Puppen zeitweilig im Kasten ließen und an Stelle derselben in eigener Person auftraten, waren an eben jenem Nachmittag in das Städtchen gekommen und hatten sich's in der Ausspannung, vor der ihre Wagen hielten, bequem gemacht. Da saßen sie jetzt zu vier um den Tisch der großen Schenkstube herum, ihrem Aufputz und ihrer Redeweise nach oberdeutsches Volk, und vertaten das Geld, das ihnen der Salzwedel'sche Michaelismarkt eingebracht hatte. Denn von daher kamen sie. Zwei derselben alte Bekannte von uns. Der Schwarzhaarige, mit einer Narbe quer über der Stirn, war derselbe, den wir an jenem hellen Julivormittag, an dem unsere Geschichte begann, an der Emrentz Fenster vorüber seinen Umritt hatten machen sehn, und der neben ihm, ja, das musste, wenn nicht alles täuschte, der Hagre, Schlackerbeinige mit dem weißen Hemd und der hohen Filzmütze sein, der bei Tage die Pauke gerührt und am Abend, in seinem hölzernen Abbild wenigstens, den Polizeischergen des „Jüngsten Gerichtes" gemacht hatte. Ja, sie waren es wirklich, dieselben fahrenden Leute, denn eben erschien auch die große stattliche Frau, die damals, in halb spanisch, halb türkischem Aufzug, als dritte zwischen ihnen zu Pferde gesessen. Auch heute war sie verwunderlich genug gekleidet, trug aber, statt des langen schwarzen Schleiers mit den Goldsternchen, ein scharlachrotes Manteltuch, das sie, voll Majestät und nach Art eines Krönungsmantels, um ihre Schultern gelegt hatte. „Ach, Zenobia", riefen alle und rückten zusammen, um ihr am Tische Platz zu machen. Mit ihr zugleich war der Wirt eingetreten, ein paar Kannen im Arm, und überbot sich alsbald in Raschheit und Dienstbeflissenheit gegen seine Gäste. Wusst' er doch, dass sie mit vollem Beutel kamen und außerdem Freibrief und gutes Zeugnis von aller Welt Obrigkeit aufzuweisen hatten. Und was wollt' er mehr?

„Wirt", rief der Schwarzhaarige, der auch heute wieder die Herrenrolle spielte, „die Salzwedelschen haben mir gefallen. Die drehen den Schilling nicht erst ängstlich um. Zwei Mal gespielt jeden Tag, erst die Puppen und dann wir selber. Und immer voll und kein Apfel zur Erde. Ein lustiges Volk; nicht wahr, Wirt? Und wie heißt doch der Spruch von den Salzwedelschen? Ihr kennt ihn?"

„Ei, freilich; welcher Altmärk'sche wird den nicht kennen. Ein guter Spruch, und er geht so:

>De *Stendalschen* drinken gerne Wien,
>De *Gardeleger* wüll'n Junker sien,
>De *Tangermünd'schen* hebben Moth,
>De *Soltwedler* awers, de hebben dat Goth."

„Ja, das haben sie, das haben sie", schrien alle durcheinander und der Wirt wiederholte seinerseits: „Ein guter Spruch, ihr Herren. Bloß dass die Arendseeschen drin vergessen sind."

„Ei, warum vergessen! Solch' Sprüchel ist ja nicht wie's Vaterunser, wo nichts zukann und nichts weg. Was ihm fehlt, das machen wir dazu. Könnt Ihr nicht einen Reim machen, Wirt? Ein Wirt muss alles können, reimen und rechnen."

„Ja, rechnen!", fiel der Chorus ein.

„Ärgert ihn nicht, sonst bringt er's nicht zu Stand. Und ich seh's ihm an, dass er dran haspelt. Habt Ihr's?"

„Ja... De Stendalschen drinken gerne Wien..."

„Nein, nein, das nicht. Das ist ja die alte Leier. Wir wollen den neuen Reim hören, den Arendseeschen." Und so ging es unter Lärmen und Schreien weiter, bis der Wirt eine Pause wahrnahm und in schelmischem Ernst über den Tisch hin deklamierte:

>„Un de *Arendseeschen*, de hebben dat Stroh,
>Awers hebben fifteig'n Nonnen dato."

„Funfzehn Nonnen! Habt ihr gehört? Aber woher denn Nonnen? Es gibt ja keine Nonnen mehr. Ich meine hier zu Land. Unten im Reich, da hat's ihrer noch genug. Nicht wahr, Zenobia? Aber hier! Alles aufgehoben, was sie ‚säkularisieren' nennen. Habe mir's wohl gemerkt. Und das hat euer vorvoriger Herr Kurfürst getan, der Herr Joachim, den ich noch habe begraben sehn. War das erste Mal, dass mein Vater selig hier hinauf ins Wittenbergsche kam. Anno einundsiebzig, und ich war noch ein Kind."

„Ja, sie sind aufgehoben. Aber 's gibt ihrer doch noch, hier und überall im Land. Und obwohlen unser alter Roggenstroh alle Sonntage gegen sie predigt, es hilft ihm nichts, sie bleiben doch. Und warum bleiben sie? Weil sie den adligen Anhang haben. Und oben in Cölln an der Spree, na, das weiß man, da sitzen auch die Junkerchen zu Rat und drücken ein Auge zu."

„Gut, gut. Meinetwegen. Lassen wir die Junker und die Nonnen. Es muss auch Nonnen geben. Nicht wahr, Zenobia?"

Diese zog ihre rote Drapierung nur noch fester um ihre Schultern und schwieg in königlicher Würde weiter.

„Un hebben fifteig'n Nonnen dato! Wahrhaftig, Wirt, das habt Ihr gut gemacht, sehr gut. Ihr könnt't uns die Stücke schreiben. Was meinst, Nazerl, wir haben schon schlecht're gehabt! Aber singen wir; du singst vor, Matthes." Und der Angeredete, der seinem starr und aufrecht stehenden roten Haare, vor allem aber seinen linsengroßen Sommersprossen nach der einzig Plattdeutsche von der Gesellschaft zu sein schien, intonierte mit heiserer Stimme: „Kaiser Karolus sien bestet Peerd."

„Nicht doch, nicht doch", fuhr der mit der Narbe dazwischen, „das kann Zenobia nicht hören; das singen ja die Knechte. Sing du, Hinterlachr. Aber was Fein's und Zierlich's." Und der Hinterlachr sang:

> „Zu Bacharach am Rheine,
> Da hat mir's wohl getan,
> Die Wirtin war so feine,
> So feine,
> Und als wir ganz alleine ..."

„Ach, dummes Zeug. Immer Weiber und Weiber. Aber sie denken nicht dran; und am wenigsten, was eine richtige Wirtin ist. Sie lachen dich aus. Nazerl, mach du dein Sach. Aber nichts von den Weibern; hörst du. Halt dich an *das*!" Und dabei schob er ihm eine frische Kanne zu, die der Wirt eben hereingebracht hatte.

Und Nazerl hob an:

> „Der liebste Buhle, den ich han,
> Der liegt beim Wirt im Keller,
> Er hat ein hölzins Röcklein an
> Und heißet Muskateller:
> Hab manche Nacht mit ihm verbracht,
> Er hat mich immer glücklich 'macht, glücklich 'macht,
> Und lehrt mich lustig singen."

„Das ist recht. Der liebste Buhle, den ich hab – *das* gefällt mir. Der Nazi hat's getroffen. Was meinst, Zenobia?" Und alle wiederholten den Vers und stießen mit ihren Kannen und Bechern zusammen.

„Ihr müsst nicht so lärmen", sagte jetzt der, der mit ‚Bacharach am Rheine' so wenig durchgedrungen war. „Er liegt grad über uns, und ich glaub, er macht es nicht lange mehr."

Zenobia nickte.

*

So ging's unten her. Über ihnen aber, auf einer Schütte Stroh, drüber ein Laken gebreitet war, lag ein Kranker, ein Kissen unterm Kopf und mit ein paar Kleidungsstücken zugedeckt. Neben ihm, auf einem Fußschemel, saß eine junge Frau, blass und fremd, und hielt mit ihrer Rechten den Henkel eines als Wiege dienenden Korbes, mit ihrer Linken die Hand des Kranken. Dieser schien einen Augenblick geschlafen zu haben, und als er jetzt die Augen wieder öffnete, beugte sie sich zu ihm nieder und fragte leise: „Wie ist dir?"

„Gut."

„Ach, sage nicht gut. Deine Stirn brennt, und ich seh wie deine Brust fliegt. Mein einzig lieber Valtin, vergib mir, sage mir, dass du mir vergibst."

„Was, Grete? Was soll ich dir vergeben?"

„Was? Was? Alles, alles! Ich bin schuld an deinem Elend und nun bin ich schuld an deinem Tod. Aber ich wusst' es nicht anders und ich wollt' es nicht. Ich war ein Kind noch, und sieh, ich liebte dich so sehr. Aber nicht genug, nicht genug, und es war nicht die rechte Liebe. Sonst wär es anders gekommen, alles anders."

„Lass es, Grete."

„Nein, ich lass es nicht. Ich will mein Herz ausschütten vor dir. Ach, sonst beichten die Sterbenden, ich aber will *dir* beichten, dir."

Er lächelte. „Du hast mir nichts zu beichten."

„Doch, doch. Viel, viel mehr als du glaubst. Denn sieh, ich habe nur an *mich* gedacht; das war es; da liegt meine Schuld. Es kommt alles von Gott, auch das Unrecht, das man uns antut, und wir müssen es tragen lernen. Das hat mir Gigas oft gesagt, so oft; aber ich *wollt'* es nicht tragen und hab aufgebäumt in Hass und in Ungeduld. Und in meinem Hass und meiner Ungeduld hab ich dich mit fortgezwungen, und habe dich um Glück und Leben gebracht."

Er schüttelte den Kopf und wiederholte nur leise: „Lass es, Grete. Du hast mich nicht um das Glück gebracht. Es war nur anders, als andrer Leute Glück. Weißt du noch, als wir auf dem Floß fuhren und das Schilf streiften und die Wasservögel aufflogen, ach, wie stand da der Himmel so blau und golden über uns und wie hell schien uns die Sonne! Ja, da waren wir glücklich. Und als wir dann auf Lübeck zogen und das Holstentor vor uns hatten, das uns mit seinen grünen und roten Ziegeln ansah, und dann Musik und Fahnenschwenker auf uns zukamen, als ob man uns einen Einzug machen wolle, da lachten wir und waren froh in unserem Herzen, denn wir nahmen es als ein gutes Zeichen und wussten nun, dass wir gute Tage haben würden. Und wir *hatten* sie auch, und hätten sie noch, denn fleißige Tage sind gute Tage, wenn nicht der Streit gekommen wär, der Streit um viel und nichts ... Er dacht' eben, er dürf es dir ansinnen, weil wir arm waren und er reich, und eines Ratsherrn Sohn. Und da war es denn freilich aus ... Aber lass, Grete. Was wir gehabt haben, das haben wir gehabt. Und nun gib mir das Kind, dass ich mich seiner freue."

Grete war aufgestanden, um ihm das Kind zu geben; eh sie's jedoch aufnehmen konnte, befiel ihn ein Stickhusten, wohl von der Anstrengung des Sprechens, und als der Anfall endlich vorüber war, lag er schweißgebadet da, matt und halb geschlossenen Auges, wie ein Sterbender.

So vergingen Minuten, bis er sich wieder erholt hatte und trinken zu wollen schien. Wenigstens sah er sich um, als such er etwas. Und wirklich, neben seinem Lager stand ein Hafenglas, drin ihm aus Brotrinden und dünnem Essig ein Getränk gemacht worden war. Aber der Geschmack widerstand ihm, und er wies es zurück und sagte: „Wasser!" Und Grete holte den Wasserkrug herbei, der groß und unhandlich und viel zu schwer war, um draus zu trinken, und als sie noch unschlüssig dastand und überlegte, wie sie den Trunk ihm reichen solle, hob er sich mühsam auf und sagte lächelnd: „Aus deiner Hand, Gret; ein paar Tropfen bloß. Ich brauche nicht viel." Und sie tat's und gab ihm. Als er aber getrunken, hielt sie sich nicht länger mehr und rief, während sie halb im Gebet und halb in Verzweiflung ihre Hände gen Himmel streckte: „Ach, dass ich leben muss! Valtin, mein einzig Geliebter, nimm mich mit dir, mich und unser Kind. Was hier noch war, warst du. Nun gehst du. Und wir sind unnütz auf dieser Welt."

„Nein, Grete, nicht unnütz. Und du musst leben, leben um des Kindes willen. Auch wenn es dir schwer wird. Und du wirst es, denn du hattest immer einen tapfern und guten Mut. Ich weiß davon. Und nun hör mich und tu wie ich dir sage. Aber bücke dich; bitt, denn es wird mir schwer."

Und sie rückte näher an sein Kissen.

„Es muss etwas geschehen", fuhr er fort, „und du kannst nicht mehr bleiben mit den fahrenden Leuten unten. Ich mag sie nicht schelten, denn sie waren gut mit uns, aber sie sind doch anders als wir. Und du musst wieder eine Heimstätt haben und Herd und Haus, und Sitt und Glauben. Und so versprich mir denn, mache dich los hier, in Frieden und guten Worten, und zieh wieder heim und sage ... und sage ... dass ich schuld gewesen."

Grete schüttelte heftig den Kopf. *Ihm* die Schuld zuzuschieben, das erschien ihr schwerer als alles. Er aber legte still seine Hand auf ihren Mund und wiederholte nur: „... dass ich schuld gewesen. Und wenn du das gesagt hast, Grete, dann sag auch, du kämest, um wieder gut zu machen, was du getan, und sie sollten dich halten als ihre Magd. Und du wolltest kein Glück mehr, nein, nur Ruh und Rast. Und dann musst du niederknien, nicht vor *ihr*, aber vor deinem Bruder Gerdt. Und er wird dich aufrichten ..."

„Ach, dass es käme, wie du sagst! Aber ich kenn ihn besser. Er wird mir droh'n und mich von seiner Schwelle weisen, mich und das Kind, und wird uns böse Namen geben."

„Ich fürcht es nicht. Aber wenn er härter ist, als ich ihn schätze, dann geh ihn an um dein Erbe, das wird er dir nicht weigern können. Und dann suche dir einen stillen Platz und gründe dir ein neues Heim und einen eigenen Herd. Tu's, Gret. Ich weiß, du hast ein trotzig Gemüt; aber bezwinge dich um des Kindes willen. Versprich mir's. Willst du?"

„Ich will."

Es schien, dass sie noch weiter sprechen wollt', aber in diesem Augenblicke trat Zenobia ein und sagte: „Denk, Gret, 's gibt noch a Spiel heut. Den ‚Sündfall' wollen's. Das Leutvolk lasst uns ka Ruh nit. Aber a ‚Sündfall' ohn an Engel? Das geht halt nit. Und drum komm i. Was meinst, Gret?"

Diese starrte vor sich hin.

„Geh", sagte Valtin. „Rücke den Korb dicht her zu mir und spiele den Engel. Und wenn die Stelle kommt, wo du die Palme hebst, dann denk an mich."

Und sie rückte den Korb näher an sein Lager und beugte sich über ihn. Er aber nahm noch einmal ihre Hand und sagte: „Und nun leb wohl, Gret, und vergiss es nicht. Ich höre jedes Wort. Geh. Ich wart auf dich."

Und Grete ging und verbarg ihr Gesicht in beide Hände.

16.
Die Nonnen von Arendsee

Am andern Morgen ging es in Arendsee von Mund zu Mund, dass einer von den Puppenspielern über Nacht gestorben sei. An allen Ecken sprach man davon, und alles war in Aufregung. Was mit ihm tun? Ein Sarg war beschafft worden, das war in der Ordnung; aber wo ihn begraben, das blieb die Frage. War ihr Kirchhof ein Begräbnisplatz für fahrende Leute, von denen keiner wusste, wes Glaubens sie seien, Christen oder Heiden? Oder vielleicht gar Türken. Und dabei dachte jeder an die Frau, die gestern, vor Beginn des Spiels, ein langes rotes Tuch um die Schulter, am Eingange gesessen hatte.

Es war klar, dass nur der alte Prediger Roggenstroh den Fall entscheiden konnte; und ehe Mittag heran war, wusste jeder, *dass* er ihn entschieden habe und *wie*. Grete selber hatte, neben einer eindringlichen Ermahnung, das Nein aus seinem Munde hören müssen.

Da war nun große Not und Trübsal, und es wurd' erst wieder lichter um Gretens Herz, als sich die Wirtin ihrer erbarmte und ihr anriet, drüben ins Kloster zu den Nonnen zu gehen, die würden schon Rat schaffen und ihr zu helfen wissen, wär es auch nur, weil sie den alten Roggenstroh nicht leiden könnten. Sie solle nur Mut haben und nach der Domina fragen, oder, wenn die Domina krank sei (denn sie sei sehr alt), nach der Ilse Schulenburg. *Die* habe das Herz auf dem rechten Fleck und sei der Domina rechte Hand. Und wenn diese stürbe, dann würde *sie's*.

Das waren rechte Trostesworte, und als Grete der Wirtin dafür gedankt, machte sie sich auf, um drüben im Kloster das ihr bezeichnete Haus aufzusuchen. Ein paar halbwachsene Kinder, die vor dem Tor der Ausspannung spielten, wollten ihr den Weg zeigen, aber sie zog es vor allein zu sein und ging auf die Stelle zu, wo der Heckenzaun und dahinter der Kreuzgang war. Als sie hier, trotz allem Suchen, keinen Eingang finden konnte, presste sie sich durch die Hecke hindurch und stand nun unmittelbar vor einer langen offenen Rundbogenreihe, zu der ein paar flache Sandsteinstufen von der Seite her hinaufführten. Drinnen an den Gewölbekappen befanden sich halbverblasste Bilder, von denen eines sie fesselte: Engelsgestalten, die schwebend einen Toten trugen. Und sie sah lange hinauf und ihre Lippen bewegten sich. Dann aber stieg sie, nach der andern Seite hin, die gleiche Zahl von Stufen wieder hinab und sah sich alsbald inmitten des Klosterkirchhofes, der fast noch wirrer um sie her lag, als sie beim ersten Anblick erwartet. Wo nicht die Birnbäume mit ihren tief herabhängenden Zweigen alles überdeckten, standen Dill- und Fencheldolden, hoch in Samen geschossen; dazwischen aber allerhand verspätete Kräuter, Thymian und Rosmarin, und füllten die Luft mit ihrem würzigen Duft. Und sie blieb stehen, duckte sich und hob sich wieder, und es war ihr, als ob diese wuchernde Gräberwildnis, diese Pfadlosigkeit unter Blumen, sie mit einem geheimnisvollen Zauber umspinne. Endlich hatte sie das Ende des Kirchhofes erreicht, und sie sah zwischen den Bogen hindurch, die das Viereck auch nach dieser Seite hin abschlossen, auf den in der Tiefe liegenden Klostersee, den nach links hin, ein paar hundert Schritt weiter abwärts, einige Häuser umstanden. Eines davon, das vorderste, steckte ganz in Efeu und war bis in Mittelhöhe des Daches von fleischblättrigem und rot blühendem Hauslaub überdeckt. All das ließ sich deutlich erkennen, und als Grete bis dicht heran war, sah sie, dass eine Magd auf dem Schwellsteine stand und den großen Messingklopfer putzte.

„Wer wohnt hier?", fragte Grete.

„Das Fräulein von Jagow."

„Ist es eine von den Nonnen?"

Das Mädchen lachte. „Von den Nonnen? Wir haben keine Nonnen mehr. Es ist die Domina."

„Das ist gut. Die such ich."

Und das Mädchen, ohne weiter eine Frage zu tun, trat in den Flur zurück, um ihr den Weg frei zu machen, und wies auf eine Tür zur Linken. „Da." Und Grete öffnete.

Es war ein hohes, gotisches, auf einem einzigen Mittelpfeiler ruhendes Zimmer, drin es schwer hielt, sich auf den ersten Blick zurechtzufinden, denn nur wenig Sonne fiel ein, und alles Licht, das herrschte, schien von dem Feuer herzukommen, das in dem tiefen und völlig schmucklosen Kamine brannte. Neben diesem, einander gegenüber, saßen zwei Frauen, sehr verschieden an Jahren und Erscheinung, zwischen ihnen aber lag ein großer, gelb und schwarz gefleckter Wolfshund, mit spitzem Kopf und langer Rute, der der Jüngeren nach den Augen sah und wedelnd auf die Bissen wartete, die diese ihm zuwarf. Er ließ sich auch durch Gretens Eintreten nicht stören und gab seine Herrin erst frei, als diese sich nach der Tür hin wandte und in halblautem Tone fragte: „Wen suchst du, Kind?"

„Ich suche die Domina."

„Das ist sie." Und dabei zeigte sie nach dem Stuhl gegenüber.

Die Gestalt, die hier bis dahin zusammengekauert gesessen hatte, richtete sich jetzt auf, und Grete sah nun, dass es eine sehr alte

Dame war, aber mit scharfen Augen, aus denen noch Geist und Leben blitzte. Zugleich erhob sich auch der Hund und legte seinen Kopf zutraulich an Gretens Hand, was ein gutes Vorurteil für diese weckte. Denn „er kennt die Menschen", sagte die Domina.

Diese hatte mittlerweilen Greten an ihren Stuhl herangewinkt.

„Wie heißt du, Kind? Und was führt dich her? Aber stelle dich hier ins Licht, denn mein Ohr ist mir nicht mehr zu Willen, und ich muss dir's von den Lippen lesen."

Und nun erzählte Grete, dass sie zu den fahrenden Leuten gehöre, die gestern in die Stadt gekommen seien, und dass einer von ihnen, der ihr nahe gestanden, in dieser Nacht gestorben sei. Und nun wüssten sie nicht, wohin ihn begraben. Einen Sarg hätten sie machen lassen, aber sie hätten kein Grab für ihn, kein Fleckchen Erde. Wohl sei sie bei dem alten Prediger gewesen und hab ihn gebeten, aber der habe sie hart angelassen und ihr den Kirchhof versagt. Den Kirchhof und ein christlich Begräbnis.

„Bist du christlich?"

„Ja."

„Aber du siehst so fremd."

„Das macht, weil meine Mutter eine Span'sche war."

„Eine Span'sche? ... Und im alten Glauben?"

„Ja, Domina."

Die beiden Damen sahen einander an, und die Domina sagte: „Sieh, Ilse, das hat ihr der Roggenstroh von der Stirn gelesen. Er sieht doch schärfer, als wir denken. Aber es hilft ihm nichts, und wir wollen ihm einen Strich durch die Rechnung machen. Er hat *seinen* Kirchhof und wir haben den *unsren*. Und auf unsrem, denk ich, schläft sich's besser."

„Ja, Domina."

„Sieh, Kind, das sag ich auch. Und ich warte nun schon manches Jahr und manchen Tag darauf. Aber der Tag will nicht kommen. Denn du musst wissen, ich werde fünfundneunzig und war schon geboren und getauft, als der Wittenberg'sche Doktor gen Worms ging und vor Kaiser Karolus Quintus stand. Ja, Kind, ich habe viele Zeiten gesehen, und sie waren nicht schlechter als unsre Zeiten sind. Und morgen um die neunte Stunde, da komm nur herauf mit deinem Toten, und da soll er sein Grab haben. Ein Grab bei *uns*. Und nicht an schlechter Stell und unter Unkraut; nein, wir wollen ihn unter einem Birnbaum begraben, oder, so du's lieber hast, unter einem Fliederbusch. Hörst du. Verlass dich auf mich und auf *diese* hier. Denn *die* hier und *ich*, wir verstehen einander, nicht wahr, Ilse? Und wir wollen die Klosterglocke läuten lassen, dass es der Roggenstroh bis in seine Stube hört und nächsten Sonntag wieder gegen uns predigt, gegen uns und gegen den Antichrist. Das tut er am liebsten, und wir hören es am liebsten. Und nun geh, Kind. Ich hasse den Hochmut und weiß nur das eine, dass unser Allerbarmer für unsre Sünden gestorben ist und nicht für unsre Gerechtigkeit."

Und danach ging Grete und der Hund begleitete sie bis an die Tür.

Als die beiden Frauen wieder allein waren, sagte die Domina: „Unglücklich Kind. Sie hat das Zeichen."

„Nicht doch; sie hat schwarze Augen. Und die hab ich auch."

„Ja, Ilse. Aber deine lachen und ihre brennen."

„Du siehst zu viel, Domina."

„Und du zu wenig. Alte Augen sehen am besten im Dunkeln. Und das Dunkelste ist die Zukunft."

*

Und so kam der andre Morgen.

Die neunte Stunde war noch nicht heran, als ganz Arendsee die Klosterglocke läuten hörte. Und auch Roggenstroh hörte sie; das verdross ihn. Aber, ob es ihn verdross oder nicht, von der tiefen Einfahrt des Gasthofes her setzte sich ein seltsamer Zug in Bewegung, ein Begräbnis, wie die Stadt noch keines gesehen; denn die vier Puppenspieler trugen den Sarg, der auf eine Leiter gestellt worden war, und hinter ihnen her ging Grete, nur auf Zenobia gestützt, die sich heute von allem Rot entkleidet und statt dessen an ihren Spitzhut wieder ihren langen schwarzen Schleier mit den Goldsternchen befestigt hatte. Und dann kamen Kinder aus der Stadt, die vordersten ernst und traurig, die letzten spielend und lachend, und so ging es die Straße hinunter, in weitem Bogen um den Kirchhof herum, bis an die Seeseite, wo, von alter Zeit her, der Eingang war.

In Nähe dieses Einganges, unter einem hohen Fliederbusch, der mit seinen Zweigen bis in den Kreuzgang hineinwuchs, hatte der Klostergärtner das Grab gegraben. Und um das Grab her standen die Nonnen von Arendsee: Barbara von Rundstedt, Adelheid von Rademin, Mette von Bülow und viele andere noch, alle mit Spitzhauben und langen Chormänteln, und in ihrer Mitte die Domina, klein und gebückt, und neben ihr Ilse von Schulenburg, groß und stattlich. Und als nun der Zug heran war, öffnete sich der Kreis und mit Hülfe von Seilen und Bändern, die zur Hand waren, wurde der Sarg hinabgelassen. Und nun schwieg die Glocke und die Domina sagte: „Sprich den Spruch, Ilse." Und Ilse trat bis dicht an das Grab und betete: „Unsre Schuld ist groß, unser Recht ist klein, die Gnade Gottes tut es allein." Und alle Nonnen wiederholten leise vor sich hin: „Und die Gnade Gottes tut es allein." Danach warfen die Zunächststehenden eine Hand voll Erde dem Toten nach und als ihr Kreis sich gelichtet, drängten sich die Kinder von außen her bis an den Rand des Grabes und streuten Blumen über den unten stehenden Sarg: Astern aller Farben und Arten, die sie während der kurzen Zeremonie von den verwilderten Beeten gepflückt hatten.

Bald danach war nur noch Grete da und sah auf den Fliederbusch, der bestimmt schien, das Grab zu schützen. Ein Vogel flog auf und über sie hin und setzte sich dann auf eine Hanfstaude und wiegte sich. „Ein Hänfling!", sagte sie. Und die Bilder vergangener Tage stiegen vor ihr auf; ihr Schmerz löste sich, und sie warf sich nieder und weinte bitterlich.

Als sie sich erhob, sah sie, dass Ilse, die mit den andern gegangen war, zwischen den Rundbögen wieder herauf und auf sie zu kam, allem Anscheine nach, um ihr eine Botschaft zu bringen. Und so war es. „Komm, Grete", sagte sie, „die Domina will dich sprechen"; und beide gingen nun außerhalb des Kreuzganges, zwischen diesem und dem Seeufer hin und auf das efeuumsponnene Haus mit dem hohen Dach und den rot blühenden Laubstauden zu.

Es war schwül, trotzdem schon Oktobertage waren, und die Domina, die nach Art alter Leute die Sonnenwärme liebte, hatte Tisch und Stühle in Front ihres Hauses bringen lassen. Hier saß sie vor dem dichten, dunklen Gerank, durch das von innen her der Widerschein des Kaminfeuers blitzte, und auf das Tischchen neben ihr waren Obst und Lebkuchen gestellt, Ulmer und Basler, und eine zierliche Deckelphiole mit Syrakuser Wein.

Grete verneigte sich.

„Ich habe dich rufen lassen", sagte die Domina, „weil ich dir helfen möchte, so gut ich kann. Es soll keiner ungetröstet von unsrer Schwelle gehen. So haben es die Arendseeschen von Anfang an gehalten, und so halten sie's noch. Und auch Ilse wird es so halten. Nicht wahr, Ilse? ... Und nun sage mir, Kind, woher du kommst und wohin du gehst. Ich frag es um *deinetwillen*. Sage mir, was du mir sagen kannst und sagen willst."

Und Grete sagte nun alles, und sagte zuletzt auch, dass sie zurück zu den Ihren wolle, zu Bruder und Schwester, um an ihrer Schwelle Verzeihung und Versöhnung zu finden.

„Das ist ein schwerer Gang."

Grete schwieg und sah vor sich hin. Endlich sagte sie: „Das ist es. Aber ich hab es ihm versprochen. Und ich will es halten."

„Und wann willst du gehen?"

„Gleich."

„Das ist gut. Ein guter Wille kann schwach werden, und wir müssen das Gute tun, solange wir noch Kraft haben und die Lust dazu lebendig in uns ist. Sonst zwingen wir's nicht. Und nun gib ihr einen Imbiss, Ilse, und eine Zehrung für den Weg. Und noch eins, Grete: Halt an dich, auch wenn es fehlschlägt, und wisse, dass du hier eine Freistatt hast. Und eine Freistatt ist fast so gut wie eine Heimstatt. Und nun knie nieder und höre mein Letztes und mein Bestes: ‚Der Herr segne dich und behüte dich und gebe dir seinen Frieden.' Ja, seinen Frieden; den brauchen wir alle, aber du Arme, du brauchst ihn doppelt. Und nun geh und eile dich und lass von dir hören."

Grete küsste der Alten die Hand und ging. Ilse mit ihr. Als diese zurückkam und ihren vorigen Platz an der Efeuwand eingenommen hatte, sagte die Domina: „Wir sehen sie nicht wieder."

„Und hast ihr doch eine Freistatt geboten!"

„Weil wir das Unsre tun sollen ... Und die Wege Gottes sind wunderbar ... Aber ich sah den Tod auf ihrer Stirn. Und hab Acht, Ilse, sie lebt keinen dritten Tag mehr!"

17.
Wieder gen Tangermünde

Grete war in weitem Umkreise bis an das Gasthaus zurückgegangen, um hier von den Leuten, die's gut mit ihr und ihrem Toten gemeint hatten, Abschied zu nehmen. Vor allem von Zenobia. Dann wickelte sie das Kind, das diese bis dahin gewartet hatte, in den Kragen ihres Mantels, und schritt aus der Stadt hinaus, auf die große Straße zu, die von Arendsee nach Tangermünde führte. Hielt sie sich zu, das waren der Wirtin letzte Worte gewesen, so musste sie gegen die vierte Stund an Ort und Stelle sein.

Der Weg ging anfänglich über Wiesen. Es war schon alles herbstlich; der rote Ampfer, der sonst in breiten Streifen an dieser Stelle blühte, stand längst in Samen und die Vögel sangen nicht mehr; aber der Himmel wölbte sich blau und die Sommerfäden zogen, und mitunter war es ihr, als vergäße sie alles Leids, das sie drückte. Ein tiefer Frieden lag über der Natur. „Ach, stille Tage!", sagte sie leise vor sich hin.

Nach den Wiesen kam Wald. Junge Tannen wechselten mit alten Eichen, und überall da, wo diese standen, war eine kräftigere

Luft, die Grete begierig einsog. Denn es war immer schwüler geworden und die Sonne brannte.

Mittag mochte heran sein, als sie Rast machte, weniger um ihret- als um des Kindes willen. Und sie gab ihm zu trinken. Das war dicht am Rande des Waldes, wo zwischen anderem Laubholz auch ein paar alte Kastanien ihre Zweige weit vorstreckten. Die Straße verbreiterte sich hier auf eine kurze Strecke hin und schuf einen sichelförmigen Platz, an dessen zurückgebogenster Stelle halbgeschälte Birkenstämme lagen, hinter denen wieder ein Quell aus Moos und Stein hervorplätscherte. Hier saß sie jetzt, und um sie her lagen abgefallene Kastanien, einzelne noch in ihren Stachelschalen, die meisten aber aus ihrer Hülle heraus und braun und glänzend. Und sie bückte sich, um einige von ihnen aufzuheben. Und als sie so tat, und ihrer immer mehr in ihren Schoß sammelte, da sah sie sich wieder auf ihres Vaters Grab und Valtin neben sich, und sie hing ihm die Kette um den Hals und nannt' ihn ihren Ritter. War es doch, als ob jede Stunde dieses Tages Erinnerungen in ihr wecken sollte, süß und schmerzlich zugleich. „Alles dahin", sagte sie. Und sie stand auf und schüttete die Kastanien wieder in das Gras zu ihren Füßen.

Sie hing ihren Erinnerungen noch nach, als sie das Klirren einer Kummetkette hörte und gleich darauf eines Gefährtes ansichtig wurde, das, von derselben Seite her, von der auch sie gekommen, um die Waldecke bog. Es war eine Schleife mit zwei kleinen Pferden davor, und ein Bauer vorn auf dem Häckselsack. Auch hinter ihm lagen Säcke, mutmaßlich Korn, das er zu Markt oder in die Mühle fuhr. Grete trat an ihn heran und frug, ob er sie mitnehmen wolle? „Eine kleine Strecke nur!"

„Dat will ick jiern. Stejg man upp, Deern."

Und Grete tat's und setzte sich neben ihn, und sie fuhren still in den Wald hinein. Endlich sagte der Bauer: „Kümmst vun Arendsee?"

„Ja", sagte Grete.

„Denn wihrst ook in't Kloster? Jott, de oll Domina! Fiefunneijentig. Na, lang kann't joa nich mihr woahren. Un denn kümmt uns' Ils' 'ran. De wahrd et."

„Kennt Ihr sie?"

„I, wat wihr ick se nich kenn'? Ick bin joa vun Arnsdörp, wo se bührtig is. Un wat mien Voaders-Schwester is, de wihr joa ehr' Amm'. Un achters hett se se uppäppelt. Und de seggt ümmer: Ils' is de best! Und so groot se is, so good is se. Un doaför wahrd se ook Domina."

Und danach schwiegen sie wieder, und nichts als ein paar blaue

Fliegen summten um sie her, und die Schleife mahlte weiter durch den Sand. Nur wenn dann und wann eine festere Stelle kam, wo Moos über den Weg gewachsen war oder wo viel Kiefernadeln lagen, über die die Fuhre glatter hingleiten konnte, gab der Bauer einen Schlag mit seiner Leine und ließ die mageren Braunen etwas schneller gehn. Und man hörte dann sein Hüh und Hott und das Klappern der Kette.

„Wo wisten hen?", nahm er endlich das Gespräch wieder auf.

„Nach Tangermünd."

„ Na'h Tangermünd. Oh, doa wihr ick ook. Awers dat geiht nu all in't dritt o'r vörte Joahr, as uns' Herr Kurförst doa wihr un dat grote Foahnenschwenken wihr, mit Aeten un Jublieren. Un allens boaben up de Burg. Joa, doa wihr ick ook, un ümmer mit damang. Awers man buten."

Grete nickte, denn wie hätte sie *des* Tages vergessen können! Und so plauderten sie weiter und schwiegen noch öfter, bis eine Stelle kam, wo der Weg gabelte. „Hier möt' ick rechts aff", sagte der Bauer.

Und Grete stieg ab und wollt' ihm eine kleine Münze geben. „Nei, nei, Deern, dat geiht nich. O'r bist ne Fru?"

Sie wurde rot, aber er hatt' es nicht so Acht und bog nach rechts hin in den Feldweg ein.

Es war noch zwei Stunden Wegs, und Grete, die sich von der Anstrengung des Marsches erholt hatte, schritt wieder rüstiger vorwärts. Auch die Schwüle ließ nach; ein Wind ging und kühlte die Luft und ihr die Stirn. Und sie hatte wieder guten Mut und gefiel sich darin, sich ihr künftiges Leben auszumalen. Aber sonderbar, sie begann es immer vom andern Ende her, und je weiter es ab und in allerfernste Zukunft hineinlag, desto heller und lichter erschien es ihr. Als aber zuletzt ihre Gedanken und Vorstellungen auch auf das Nah- und Nächstliegende kamen und sie sich in Gerdts Haus eintreten und die Knie vor ihm beugen sah, da wurd' ihr wieder so bang ums Herz und sie hatte Mühe, sich zu halten. Und sie nahm das Kind und küsste es. „Es muss sein", sagte sie, „und es soll sein. Ich hab es ihm versprochen und ich will es halten und will Demut lernen. Ja, ich will um einen Platz an seinem Herde bitten, und will seine Magd sein, und will mich vor ihm niederwerfen. Aber", – und ihre Stimme zitterte – „wenn ich mich niedergeworfen habe, so soll er mich auch wieder aufrichten. Weh ihm und mir, wenn er mich am Boden liegen lässt." Und bei der bloßen Vorstellung war es ihr, als drehe sich ihr alles im Kopf und als schwänden ihr die Sinne.

Endlich hatte sie sich wieder gefunden und ging rascheren

Schrittes weiter, abwechselnd in Furcht und Hoffnung, bis sie plötzlich, aus dem Walde heraustretend, der Dächer und Türme Tangermündens ansichtig wurde. Da ging alles in ihr in alter Lieb und Sehnsucht unter, und sie grüßte mit der Hand hinüber. Das war Sankt Stephan, und die hohen Linden daneben, das waren die Kirchhofslinden. Lebte Gigas noch? Blühten noch die Rosen in seinem Garten? Und sie legte die Hand auf ihre Brust und schluchzte, und ward erst wieder ruhiger, als sie die Goldkapsel fühlte, das einzige, was ihr aus alten Tagen her geblieben war. Und sie öffnete sie, und schloss sie wieder, und presste sie voll Inbrunst an ihre Lippen.

18.
Grete bei Gerdt

Unwillkürlich beschleunigte sich ihr Schritt, und binnen kurzem hatte sie die nur aus wenig Häusern bestehende Vorstadt erreicht. Eins dieser Häuser, das sich nach seinem bemalten und vergoldeten Schilde leicht als ein Herbergshaus erkennen ließ, lag in Nähe des Tores, und sie trat hier ein, um eine Weile zu ruhen und ein paar Fragen zu stellen. Die Leute zeigten sich ihr in allem zu Willen, und eh eine Stunde vergangen war, war sie fertig und stand gerüstet da: die Kleider ausgestäubt und geglättet und das während des langen Marsches wirr gewordene Haar wieder geordnet.

Es schlug eben fünf, als sie, das Kind unterm Mantel, aus der Herbergstüre trat. Draußen im Sande scharrten die Hühner ruhig weiter und nur der Hahn trat respektvoll beiseit und krähte dreimal, als sie vorüberging. Ihr Schritt war leicht, leichter als ihr Herz, und wer ihr ins Auge gesehen hätte, hätte sehen müssen, wie der Ausdruck darin beständig wechselte. So passierte sie das Tor, auch den Torplatz dahinter, und als sie jenseits desselben den inneren Bann der Stadt erreicht hatte, war es ihr, als wäre sie gefangen und könne nicht mehr heraus. Aber sie war nicht im Bann der Stadt, sondern nur im Bann ihrer selbst. Und nun ging sie die große Mittelstraße hinauf, an dem Rathause vorüber, hinter dessen durchbrochenen Giebelrosetten der Himmel wieder glühte, so rot und prächtig wie jenen Abend, wo Valtin sie die Treppe hinunter ins Freie getragen und von jähem Tod errettet hatte. Errettet? Ach, dass sie damals zerdrückt und zertreten worden wäre. Nun zertrat sie diese Stunde! Aber sie redete sich zu und schritt weiter in die Stadt hinein, bis sie dem Minde'schen Hause gegenüber hielt. Es war nichts da, was sie hätte stören oder überraschen können. In allem derselbe Anblick wie früher. Da waren noch die Nischen, auf deren Steinplatten sie, lang, lang eh Trud ins Haus kam, mit Valtin gesessen und geplaudert hatte, und dort oben die Giebelfenster, die jetzt aufstanden, um die Frische des Abends einzulassen, das waren *ihre* Fenster. Dahinter hatte sie geträumt, geträumt so vieles, so Wunderbares. Aber doch nicht *das*!

In diesem Augenblicke ging drüben die Tür, und ein Knabe, drei- oder vierjährig, lief auf die Stelle zu, wo Grete stand. Sie sah wohl, wer es war, und wollt' ihn bei der Hand nehmen; aber er riss sich los und huschte bang und ängstlich in eines der Nachbarhäuser hinein. „So beginnt es", sagte sie und schritt quer über den Damm und auf das Haus zu, dessen Tür offen geblieben war. In dem Flure, trotzdem es schon dämmerte, ließ sich alles deutlich erkennen: an den Wänden hin standen die braunen Schränke, dahinter die weißen, und nur die Schwalbennester, die links und rechts an dem großen Querbalken geklebt hatten, waren abgestoßen. Man sah nur noch die Rundung, wo sie vordem gesessen. Das erschreckte sie mehr als alles andre. „Die Schwalben sind nicht mehr heimisch hier", sagte sie, „das Haus ist ungastlich geworden." Und nun klopfte sie und trat ein.

Ihr Auge glitt unwillkürlich über die Wände hin, an denen ein paar von den Familienbildern fehlten, die früher da gewesen waren, auch das ihrer Mutter; aber der große Nussbaumtisch stand noch am alten Platz, und an der einen Schmalseite des Tisches, den Kopf zurück, die Füße weit vor, saß Gerdt und las. Es schien ein Aktenstück, dessen Durchsicht ihm in seiner Ratsherreneigenschaft obliegen mochte. Denn einer von den Mindes saß immer im Rate der Stadt. Das war so seit hundert Jahren oder mehr.

Grete war an der Schwelle stehen geblieben, und erst als sie wahrnahm, dass Gerdt aufsah und die wenigen Bogen, die das Aktenstück bildeten, zur Seite legte, sagte sie: „Grüß dich Gott, Gerdt. Ich bin deine Schwester Grete."

„Ei, Grete", sagte der Angeredete, „bist du da! Wir haben uns lange nicht gesehen. Was machst du? Was führt dich her?"

„Valtin ist tot..."

„Ist er? So!"

„Valtin ist tot, und ich bin allein. Ich hab ihm auf seinem Sterbebette versprechen müssen, euch um Verzeihung zu bitten. Und da bin ich nun, und tu's, und bitte dich um eine Heimstatt und um einen Platz an deinem Herd. Ich bin müde des Umherfahrens und will still und ruhig werden. Ganz still. Und ich will euch dienen; das soll meine Buße sein." Und sie warf sich, als sie so gesprochen, mit einem heftigen Entschlusse vor ihm nieder, mehr rasch als reuig, und sah ihn fragend und mit sonderbarem Ausdruck an. Das Kind aber hielt sie mit der Linken unter ihrem Mantel.

Gerdt war in seiner bequemen Lage geblieben und sah an die Zimmerdecke hinauf. Endlich sagte er: „Buße! Nein, Grete, du bist *nicht* bußfertig geworden. Ich kenne dich besser, dich und deinen stolzen Sinn. Und in deiner Stimme klingt nichts von Demut. Aber auch wenn du Demut gelernt hättest, unsere Schwester kann nicht unsere Magd sein. Das verbietet uns das Herkommen und das Gerede der Leute."

Grete war in ihrer knienden Stellung verblieben und sagte: „Ich dacht' es wohl. Aber wenn ich es nicht sein kann, so sei es das Kind. Ich lieb es und *weil* ich es so liebe, mehr als mein Leben, will ich mich von ihm trennen und will's in andere Hände geben. In eure Hände. Es wird nicht gut und glückliche Tage haben, ich weiß ja welche, aber wenn es nicht in Glück aufwächst, so wird es doch in Sitt und Ehren aufwachsen. Und das soll es. Und so ihr euch seiner schämt, so tut es zu guten Leuten in Pfleg und Zucht, dass es *ihr* Kind wird und mich vergisst und nichts an ihm bleibt von Sünd und Makel und von dem Flecken seiner Geburt. Erhöre mich, Gerdt; sage ja, und ihr sollt mich nicht wieder sehen. Ich will fort, weit fort, und mir eine Stelle suchen, zum Leben und zum Sterben. Tu's! Ach, Lieb und Hass haben mir die Sinne verwirrt und vieles ist geschehen, das besser nicht geschehen wäre. Aber es ist nichts Böses an dieser meiner Hand. Hier lieg ich; ich habe mich vor dir niedergeworfen, nimm mich wieder auf! Hilf mir, und wenn nicht mir, so hilf dem Kind."

Gerdt sah auf die kniende Frau, gleichgültig und mitleidslos, und sagte, während er den Kopf hin und her wiegte:

„Ich mag ihm nicht Vater sein und nicht Vormund und Berater. Du hast es so gewollt, nun hab es. Es schickt sich gut, dass du's unterm Mantel trägst, denn ein Mantelkind ist es. Bei seinem *vollen* Namen will ich's nicht nennen."

Und er ließ sie liegen und griff nach dem Aktenbündel, als ob er der Störung müde sei und wieder lesen wolle.

Grete war jetzt aufgesprungen und ein Blick unendlichen Hasses schoss aus ihren Augen. Aber sie bezwang sich noch und sagte mit einer Stimme, die plötzlich tonlos und heiser geworden war: „Es ist gut so, Gerdt. Aber noch ein Wort. Du hast mich nicht erhören wollen in meiner Not, so höre mich denn in meinem Recht. Ich bin als eine Bittende gekommen, nicht als eine Bettlerin. Denn ich *bin* keine Bettlerin. Ich bin des reichen Jakob Minde Tochter. Und so will ich denn mein *Erbe*. Hörst du, Gerdt, mein Erbe."

Gerdt faltete die Bogen des Aktenstückes zusammen, schlug damit in seine linke Hand und lachte: „Erbe! Woher Erbe, Grete? Was brachte deine Mutter ein? Kennst du das Lied vom Sperling und der Haselnuss? Erbe! Du hast keins. Du hast dein Kind, das ist alles. Versuch es bei den Zernitzens, sprich bei dem Alten vor. Der *Valtin* hat ein Erbe. Und Emrentz, denk ich, wird sich freuen, dich zu sehn."

„Ist das dein letztes Wort?"

„Ja, Grete."

„So gehab dich wohl, und dein Lohn sei wie dein Erbarmen." Und damit wandte sie sich und schritt auf die Tür und den Flur zu. Als sie draußen an dem Fenster vorüberkam, sah sie noch einmal hinein, aber Gerdt, der abgewandt und in Gedanken dasaß, bemerkte nichts.

Er sah auch noch starr vor sich hin, als Trud eintrat und einen Doppelleuchter vor ihn auf den Tisch stellte. Denn es dunkelte schon. Sie waren kein plaudrig Ehepaar, und die stummen Abende waren in ihrem Hause zu Hause; heut aber stellte Trud allerlei Fragen, und Gerdt, dem es unbehaglich war, erzählte schließlich von dem, was die letzte Stunde gebracht hatte. Über alles ging er rasch hinweg; nur als er an das Wort „Erbe" kam, konnt' er davon nicht los und wiederholte sich's zweimal, dreimal, und zwang sich zu lachen.

Trud aber, als er so sprach, war an das Fenster getreten und klopfte mit ihren Nägeln an die Scheiben, wie sie zu tun pflegte, wenn sie zornig war. Endlich wandte sie sich wieder und sagte: „Und was glaubst du, was nun geschieht?"

„Was geschieht? Ich weiß es nicht."

„Aber ich weiß es. Meinst du, dass diese Hexe sich an die Landstraße setzen und dir zu Liebe sterben und verderben wird?! Oh, Gerdt, Gerdt, es kann nicht gut tun. *Ich* hätt's gedurft, *vielleicht* gedurft, denn wir waren uns fremd und Feind von Anfang an. Aber *du*! Du durftest es *nicht*. Ein Unheil gibt's. Und *du* selber hast es heraufbeschworen. Um guten Namens willen, sagst du? Geh; ich kenn dich besser. Aus Geiz und Habsucht und um Besitz und Goldes willen! Nichts weiter."

Er sprang auf und wollte heftig antworten, denn so stumpf und gefügig er war, so zornmütig war er, wenn an seinem Besitz gerüttelt wurde. Trud aber, uneingeschüchtert, schnitt ihm das Wort ab und sagte: „Sprich nicht, Gerdt; ich lese dir das schlechte Gewissen von der Stirn herunter. Deine Mutter hat's eingebracht, ich weiß es. Aber als die Span'sche, Gott sei's geklagt, in unser Haus kam, da hatte sich's verdoppelt und aus eins war zwei geworden.

Und so du's anders sagst, so lügst du. Sie *hat* ein Erbe. Sieh nicht so täppisch drein. Ich weiß es, und so sie's nicht empfängt, so wollen wir sehen, was von deinem und ihrem übrig bleibt. Lehre mich sie kennen. Ich hab ihr in die schwarzen Augen gesehen, öfter als du. Gezähmt, sagst du? Nie, nie." Und sie zog ihren Knaben an sich, der, während sie sprach, ins Zimmer getreten war.

„Ihr sprecht von der Frau", sagte das Kind. „Ich weiß. Sie hat mich bei der Hand nehmen wollen. Drüben. Aber ich habe mich vor ihr gefürchtet und von ihr losgerissen."

19.
Grete vor Peter Guntz

Grete war allem Anscheine nach ruhig aus dem Hause getreten; aber in ihrem Herzen jagte sich's wie Sturm und hundert Pläne schossen in ihr auf und schwanden wieder, alle von dem *einen* Verlangen eingegeben, ihrem Hass und ihrer Rache genugzutun. Und immer war es *Gerdt*, den sie vor Augen hatte, *nicht* Trud; und auf seinen Schultern stand ein rotes Männlein mit einem roten Hut und einer roten viel gezackten Fahne, das wollt' er abschütteln; aber er konnt' es nicht. Und sie lachte vor sich hin, ganz laut, und nur in ihrem Innern klang es leise: „Bin ich irr?"

Unter solchen Bildern und Vorstellungen war sie grad über den Rathausplatz hinaus, als sie plötzlich, wie von einem Lichtscheine geblendet, sich wieder umsah und der halben Mondesscheibe gewahr wurde, die still und friedlich, als regiere sie diese Stunde, über dem Giebelfelde des Rathauses stand. Und sie sah hinauf, und ihr war, als lege sich ihr eine Hand beruhigend auf das Herz. „Es soll mir ein Zeichen sein", sagte sie. „Vor den *Rat* will ich es bringen; der soll mich aufrichten... Nein, nicht aufrichten. Richten soll er. Ich will nicht Trost und Gnade von Menschenmund und Menschenhand, aber mein *Recht* will ich, mein Recht gegen *ihn*, der sich und seiner Seelen Seligkeit dem Teufel verschrieben hat. Denn der Geiz ist der Teufel." Und sie wiederholte sich's und grüßte mit ihrer Hand zu der Mondesscheibe hinauf.

Dann aber wandte sie sich wieder und ging auf das Tor und die Vorstadt zu.

Draußen angekommen, setzte sie sich zu den Gästen und sprach mit ihnen und bat um etwas Milch. Als ihr diese gebracht worden, verabschiedete sie sich rasch und stieg in die Bodenkammer hinauf, darin ihr die Wirtin ein Bett und eine Wiege gestellt hatte. Und todmüde von den Anstrengungen des Tags warf sie sich nieder und schlief ein. Bis um Mitternacht, wo das Kind unruhig zu werden anfing. Sie hörte sein Wimmern und nahm es auf, und als sie's gestillt und wieder eingewiegt, öffnete sie das Fenster, das den Blick auf die Vorstadtsgärten und dahinter auf weite, weite Stoppelfelder hatte. Der Mond war unter, aber die Sterne glitzerten in beinah winterlicher Pracht, und sie sah hinauf in den goldenen Reigen und streckte beide Hände danach aus. „Gott erbarme dich mein!" Und sie kniete nieder und küsste das Kind. Und ihren Kopf auf dem Kissen und ihre rechte Hand über die Wiege gelegt, so fand sie die Wirtin, als sie bei Tagesanbruch eintrat, um sie zu wecken.

Der Schlaf hatte sie gestärkt, und noch einmal fiel es wie Licht und Hoffnung in ihr umdunkeltes Gemüt, ja, ein frischer Mut kam ihr, an den sie selber nicht mehr geglaubt hatte. Jeder im Rate kannte sie ja, und der alte Peter Guntz war ihres Vaters Freund gewesen. Und Gerdt? Der hatte keinen Anhang und keine Liebe. Das wusste sie von alten und neuen Zeiten her. Und sie nahm einen Imbiss und spielte mit dem Kind und plauderte mit der Wirtin, und auf Augenblicke war es, als vergäße sie, was sie hergeführt.

Aber nun schlug es elf von Sankt Stephan. Das war die Stunde, wo die Ratmannen zusammentraten, und sie brach auf und schritt rasch auf das Tor zu, und wie gestern die Lange Straße hinauf.

Um das Rathaus her war ein Gedränge. Marktfrauen boten feil, und sie sah dem Treiben zu. Ach, wie lange war es, dass sie solchen Anblick nicht gehabt und sich seiner gefreut hatte! Und sie ging von Stand zu Stand und von Kram zu Kram, um das halbe Rathaus herum, bis sie zuletzt an die Rückwand kam, wo nur noch ein paar einzelne Scharren standen. In Höhe dieser war eine Steintafel in die Wand eingelassen, die sie früher an dieser Stelle nie bemerkt hatte. Und doch musste sie schon alt sein, das ließ sich an dem graugrünen Moos und den altmodischen Buchstaben erkennen. Aber sie waren noch deutlich zu lesen. Und sie las:

>Hastu Gewalt, so richte recht,
>Gott ist dein Herr und du sein Knecht;
>Verlass dich nicht auf dein Gewalt,
>Dein Leben ist hier bald gezahlt,
>Wie du zuvor hast 'richtet mich,
>Also wird Gott auch richten dich;
>Hier hastu gerichtet nur kleine Zeit,
>Dort wirstu gerichtet in Ewigkeit.

„Wie schön!" Und sie las es immer wieder, bis sie jedes Wort auswendig wusste. Dann aber ging sie rasch um die zweite Hälfte des Rathauses herum und stieg die Freitreppe hinauf, die, mit einer kleinen Biegung nach links, unmittelbar in den Sitzungssaal führte.

Es war derselbe Saal, in dem, zu Beginn unsrer Erzählung, die Puppenspieler gespielt und das verhängnisvolle Feuerwerk abgebrannt hatten. Aber statt der vielen Bänke stand jetzt nur ein einziger langer Tisch inmitten desselben, und um den Tisch her, über den eine herunterhängende grüne Decke gebreitet war, saßen Burgemeister und Rat. Zuoberst Peter Guntz, und zu beiden Seiten neben ihm: Caspar Helmreich, Joachim Lemm, Christoph Thone, Jürgen Lindstedt und drei, vier andre noch. Nur Ratsherr Zernitz hatte sich mit Krankheit entschuldigen lassen. An der andern Schmalseite des Tisches aber wiegte sich Gerdt auf seinem Stuhl, dasselbe Aktenbündel in Händen, in dem er gestern gelesen hatte.

Er verfärbte sich jetzt und senkte den Blick, als er seine Schwester eintreten sah, und aus allem war ersichtlich, dass er eine Begegnung an dieser Stelle nicht erwartet hatte. Grete sah es und trat an den Tisch und sagte: „Grüß Euch Gott, Peter Guntz. Ihr kennt mich nicht mehr; aber ich kenn Euch. Ich bin Grete Minde, Jakob Mindes einzige Tochter."

Alle sahen betroffen auf, erst auf Grete, dann auf Gerdt, und nur der alte Peter Guntz selbst, der so viel gesehen und erlebt hatte, dass ihn nichts mehr verwundersam bedünkte, zeigte keine Betroffenheit und sagte freundlich: „Ich kenn dich wohl. Armes Kind. Was bringst du, Grete? Was führt dich her?"

„Ich komm, um zu klagen wider meinen Bruder Gerdt, der mir mein Erbe weigert. Und dessen, denk ich, hat er kein Recht. Ich kam in diese Stadt, um wieder gutzumachen, was ich gefehlt, und wollte dienen und arbeiten und bitten und beten. Und das alles um dieses meines Kindes willen. Aber Gerdt Minde hat mich von seiner Schwelle gewiesen; er misstraut mir; und vielleicht, dass er's darf. Denn ich weiß es wohl, was ich war und was ich bin. Aber wenn ich kein Recht hab an sein brüderlich Herz, so hab ich doch ein Recht an mein väterlich Gut. Und dazu, Peter Guntz, und Ihr andern Herren vom Rat, sollt Ihr mir willfährig und behülflich sein."

Peter Guntz, als Grete geendet, wandte sich an Gerdt und sagte: „Ihr habt die Klage gehört, Ratsherr Minde. Ist es, wie sie sagt? Oder was habt Ihr dagegen vorzubringen."

„Es ist *nicht*, wie sie sagt", erhob sich Gerdt von seinem Stuhl.

„Ihre Mutter war einer armen Frauen Kind, Ihr wisset all, wes Landes und Glaubens, und kam ohne Mitgift in unser Haus."

„Ich weiß."

„Ihr wisst es. Und doch soll ich sprechen, wo mir zu schweigen ziemlicher wär. Aber Euer Ansinnen lässet mir keine Wahl. Und so höret denn. Jakob Minde, mein Vater, so klug er war, so wenig umsichtig war er. Und so zeigte sich's von Jugend auf. Er hatte keine glückliche Hand in Geschäften und ging doch gern ins Große, wie die Lübischen tun und die Flandrischen. Aber das trug unser Haus nicht. Und als ihm zwei Schiffe scheiterten, da war er selbst am Scheitern. Und um diese Zeit war es, dass er meine Mutter heimführte, von Stendal her, Baldewin Rickharts einzige Tochter. Und mit *ihr* kam ein Vermögen in unser Haus..."

„Mit dem Euer Vater wirtschaftete."

„Aber nicht zu Segen und Vorteil. Und ich habe mich mühen müssen und muss es noch, um alte Misswirtschaft in neue Gutewirtschaft zu verkehren, und alles was ich mein nenne bis diese Stunde, reicht nicht heran an das Eingebrachte von den Stendal'schen Rickharts her."

„Und dies sagt Ihr an Eides statt, Ratsherr Minde?"

„Ja, Peter Guntz."

„Dann, so sich nicht Widerspruch erhebt, weis ich dich ab mit deiner Klage. Das ist Tangermündisch Recht. Aber eh ich dich, *Grete* Minde, die du zu Spruch und Beistand uns angerufen hast, aus diesem unserem Gericht entlasse, frag ich *dich*, *Gerdt* Minde, ob du dein Recht brauchen und behaupten oder nicht aus christlicher Barmherzigkeit von ihm ablassen willst. Denn *sie*, die hier vor dir steht, ist deines Vaters Kind und deine Schwester."

„Meines Vaters Kind, Peter Guntz, aber *nicht* meine Schwester. Damit ist es nun vorbei. Sie fuhr hoch, als sie noch mit uns war; nun fährt sie niedrig und steht vor Euch und mir und birgt ihr Kind unterm Mantel. Fragt sie, wo sie's her hat? Am Wege hat sie's geboren. Und ich habe nichts gemein mit Weibern, die zwischen Heck und Graben ihr Feuer zünden und ihre Lagerstatt beziehn. Unglück? Wer's glaubt. Sie hat's *gewollt*. Kein falsch Erbarmen, liebe Herren. Wie wir uns betten, so liegen wir."

Grete, während ihr Bruder sprach, hatte das Kind aus ihrem Mantel genommen und es fest an sich gepresst. Jetzt hob sie's in die Höh, wie zum Zeichen, dass sie's nicht verheimlichen wolle. Und nun erst schritt sie dem Ausgange zu. Hier wandte sie sich noch einmal und sagte ruhig und mit tonloser Stimme:

„Verlass dich nicht auf dein Gewalt,
Dein Leben ist hier bald gezahlt,
Wie du zuvor hast 'richtet mich,
Also wird Gott auch richten *dich*..."

und verneigte sich und ging.

Die Ratsherren, deren anfängliche Neugier und Teilnahme rasch hingeschwunden war, sahen ihr nach, einige hart und spöttisch, andere gleichgültig.

Nur Peter Guntz war in Sorg und Unruh über das Urtel, das er hatte sprechen müssen. „Ein unbillig Recht, ein totes Recht." Und er hob die Sitzung auf und ging ohne Gruß und Verneigung an Gerdt Minde vorüber.

20.
*Hier hastu gerichtet nur kleine Zeit,
Dort wirstu gerichtet in Ewigkeit*

Grete war die Treppe langsam hinabgestiegen. Das Markttreiben unten dauerte noch fort, aber sie sah es nicht mehr; und als sie den Platz hinter sich hatte, richtete sie sich auf, wie von einem wirrphantastischen Hoheitsgefühl ergriffen. Sie war keine Bettlerin mehr, auch keine Bittende; nein, ihr gehörte diese Stadt, *ihr*. Und so schritt sie die Straße hinunter auf das Tor zu.

Aber angesichts des Tores bog sie nach links hin in eine Scheunengasse und gleich dahinter in einen schmalen, grasüberwachsenen Weg ein, der, zwischen der Mauer und den Gärten hin, im Zirkel um die Stadt lief. Hier durfte sie sicher sein, niemandem zu begegnen, und als sie bei der Mindeschen Gartenpforte war, blieb sie stehen. Erinnerungen kamen ihr, Erinnerungen an *ihn*, der jetzt auf dem Klosterkirchhof schlief, und ihr schönes Menschenantlitz verklärte sich noch einmal unter flüchtiger Einkehr in alte Zeit und altes Glück. Aber dann schwand es wieder, und jener starrunheimliche Zug war wieder da, der über die Trübungen ihrer Seele keinen Zweifel ließ. Es war ihr mehr auferlegt worden, als sie tragen konnte, und das Zeichen, von dem die Domina gesprochen, *heut* hätt es jeder gesehen. Und nun legte sie die Hand auf die rostige Klinke, drückte die Tür auf und zu, und sah, ihren Vorstellungen nachhängend, auf die hohen Dächer und Giebel, die von drei Seiten her das gesamte Hof- und Gartenviereck dieses Stadtteils umstanden. Einer dieser Giebel war der Rathausgiebel, jetzt schwarz und glasig, und hinter dem Giebel stand ein dickes Gewölk. Zugleich fühlte sie, dass eine schwere, feuchte Luft zog; Windstöße fuhren dazwischen, und sie hörte, wie das Obst von den Bäumen fiel. Über die Stadt hin aber, von Sankt Stephan her, flogen die Dohlen, unruhig, als ob sie nach einem andren Platze suchten und ihn nicht finden könnten. Grete sah es alles. Und sie sog die feuchte Luft ein und ging weiter. Ihr war so frei.

Als sie das zweite Mal ihren Zirkelgang gemacht und wieder das Tor und seinen inneren Vorplatz erreicht hatte, verlangte sie's nach einer kurzen Rast. Eine von den Scheunen, die mit dem Vorplatz grenzte, dünkte ihr am bequemsten dazu. Das Dach war schadhaft und die Lehmfüllung an vielen Stellen aus dem Fachwerk herausgeschlagen. Und sie bückte sich und schlüpfte durch eines dieser Löcher in die Scheune hinein. Diese war nur halb angefüllt, zumeist mit Stroh und Werg, und wo der First eingedrückt war, hing die Dachung in langen Wiepen herunter. Sie setzte sich in den Werg, als wolle sie schlafen. Aber sie schlief nicht, von Zeit zu Zeit vielmehr erhob sie sich, um unter das offene Dach zu treten, wo der Himmel finsterwolkig und dann wieder in heller Tagesbläue hereinsah. Endlich aber blieb die Helle fort, und sie wusste nun, dass es wirklich Abend geworden. Und darauf hatte sie gewartet. Sie bückte sich und tappte nach ihrem Bündel, das sie beiseite gelegt, und als sie's gefunden und sich wieder aufgerichtet hatte, gab es in dem Dunkel einen blassen, bläulichen Schein, wie wenn sie einen langen Feuerfaden in ihrer Hand halte. Und nun ließ sie den Faden fallen, und kroch, ohne sich umzusehen, aus der Fachwerköffnung wieder ins Freie hinaus.

Wohin? In die Stadt? Dazu war es noch zu früh, und so suchte sie nach einem schon vorher von ihr bemerkten, aus Ziegel und Feldstein aufgemauerten Treppenstück, das von der Innenseite der Stadtmauer her, in einen alten, längst abgetragenen Festungsturm hinaufführte. Und jetzt hatte sie das Treppenstück gefunden. Es war schmal und bröcklig, und einige Stufen fehlten ganz; aber Grete, wie nachtwandelnd, stieg die sonderbare Leiter mit Leichtigkeit hinauf, setzte sich auf die losen Steine und lehnte sich an einen Berberitzenstrauch, der hier oben auf der Mauer aufgewachsen war. So saß sie und wartete; lange; aber es kam keine Ungeduld über sie. Endlich drängte sich ein schwarzer Qualm aus der Dachöffnung, und im nächsten Augenblick lief es in roten Funken über den First hin und alles Holz- und Sparrenwerk knisterte auf, als ob Reisig von den Flammen gefasst worden wäre. Dazu wuchs der Wind, und wie aus einem zugigen Schlot heraus, fuhren jetzt die brennenden Wergflocken in die Luft. Einige fielen seitwärts auf die Nachbarscheunen nieder, andre aber trieb der

Nordwester vorwärts auf die Stadt, und eh eine Viertelstunde um war, schlug an zwanzig Stellen das Feuer auf und von allen Kirchen her begann das Stürmen der Glocken. „Das ist Sankt Stephan", jubelte Grete, und dazwischen, in wirrem Wechsel, summte sie Kinderlieder vor sich hin und rief in schrillem Ton und mit erhobener Hand in die Stadt hinein: „Verlass dich nicht auf dein Gewalt." Und dann folgte sie wieder den Glocken, nah und fern, und mühte sich, den Ton jeder einzelnen herauszuhören. Und wenn ihr Zweifel kamen, so stritt sie mit sich selbst und sprach zu Gunsten dieser und jener, und wurde wie heftig in ihrem Streit. Endlich aber schwiegen alle, auch Sankt Stephan schwieg, und Grete, das Kind aufnehmend, das sie neben sich in das Mauergras gelegt hatte, sagte: „Nun ist es Zeit." Und sicher, wie sie die Treppe hinaufgestiegen, stieg sie dieselbe wieder hinab, und nahm ihren Weg, an den brennenden Scheunen entlang, auf die Hauptstraße zu.

Hunderte, von Furcht um Gut und Leben gequält, rannten an ihr vorüber, aber niemand achtete der Frau, und so kam sie bis an das Minde'sche Haus und stellte sich demselben gegenüber, an eben die Stelle, wo sie gestern gestanden hatte.

Gerdt konnte nicht zu Hause sein, alles war dunkel; aber an einem der Fenster erkannte sie Trud und neben ihr den Knaben, der, auf einen Stuhl gestiegen, in gleicher Höhe mit seiner Mutter stand. Beide wie Schattenbilder und *allein*. Das war es, was sie wollte. Sie passierte ruhig den Damm, danach die Tür und den langen Flur, und trat zuletzt in die Küche, darin sie jedes Winkelchen kannte. Hier nahm sie von dem Brett, auf dem wie früher die Zinn- und Messingleuchter standen, einen Blaker und fuhr damit in der Glutasche des Herdes umher. Und nun tropfte das Licht und brannte hell und groß, viel zu groß, als dass der Zugwind es wieder hätte löschen können. Und so ging sie in den Flur zurück, bis vorn an die Tür und öffnete rasch und wandte sich auf das Fenster zu, von dem aus Trud und ihr Kind nach wie vor auf die Straße hinausstarrten. Und jetzt stand sie zwischen beiden.

„Um Gottes Barmherzigkeit willen", schrie Trud, und sank bei dem Anblick der in vollem Irrsinn vor ihr Stehenden ohnmächtig in den Stuhl. Und dabei ließ sie den Knaben los, den sie bis dahin angst- und ahnungsvoll an ihrer Hand gehalten hatte.

„Komm", sagte Grete, während sie das Licht auf die Fensterbrüstung stellte. Und sie riss den Knaben mit sich fort, über Flur und Hof hin, und bis in den Garten hinein. Er schrie nicht mehr, er zitterte nur noch. Und nun warf sie die Gartentür wieder ins Schloss und eilte, den Knaben an ihrer Hand, ihr eigenes Kind unterm Mantel, an der Stadtmauer entlang auf Sankt Stephan zu. Hier, wie sie's erwartet, hatte das Stürmen längst aufgehört, Glöckner und Messner waren fort, und unbehelligt und unaufgehalten stieg sie vom Unterbau des Turmes her in den Turm selbst hinauf: erst eine Wendeltreppe, danach ein Geflecht von Leitern, das hoch oben in den Glockenstuhl einmündete. Als die vordersten Sprossen kamen, wollte das Kind nicht weiter, aber sie zwang es und schob es vor sich her. Und nun war sie selber oben und zog die letzte Leiter nach. Um sie her hingen die großen Glocken und summten leise, wenn sie den Rand derselben berührte. Und nun trat sie rasch an die Schalllöcher, die nach der Stadtseite hin lagen, und stieß die hölzernen Läden auf, die sofort vom Winde gefasst und an die Wand gepresst wurden. Ein Feuermeer unten die ganze Stadt; Vernichtung an allen Ecken und Enden, und dazwischen ein Rennen und Schreien, und dann wieder die Stille des Todes. Und jetzt fielen einige der vom Winde heraufgewirbelten Feuerflocken auf das Schindeldach ihr zu Häupten nieder, und sie sah, wie sich vom Platz aus aller Blicke nach der Höhe des Turmes und nach ihr selber richteten. Unter denen aber, die hinaufwiesen, war auch Gerdt. *Den* hatte sie mit ihrer ganzen Seele gesucht, und jetzt packte sie seinen Knaben und hob ihn auf das Lukengebälk, dass er frei dastand und im Widerscheine des Feuers von unten her in aller Deutlichkeit gesehen werden konnte. Und Gerdt sah ihn wirklich und brach in die Knie und schrie um Hülfe, und alles um ihn her vergaß der eigenen Not und drängte dem Portal der Kirche zu. Aber ehe noch die Vordersten es erreichen oder gar die Stufen der Wendeltreppe gewinnen konnten, stürzte die Schindeldecke prasselnd zusammen, und das Gebälk zerbrach, an dem die Glocken hingen, und alles ging niederwärts in die Tiefe.

*

Den Tag danach saßen Ilse Schulenburg und die Domina wieder an der Efeuwand ihres Hauses und alles war wie sonst. Die Fenster standen auf, und das Feuer brannte drinnen im Kamin, und der Spitzkopf des großen Wolfshundes sah wieder wartend zu seiner Herrin auf. Von jenseit des Sees aber klang die Glocke, die zu Mittag läutete.

Um diese Stunde war es, dass ein Bote vom altmärkischen Landeshauptmann, Achaz von der Schulenburg, gemeldet wurde, der, ein Großoheim Ilsens, das Kloster zu schneller Hülfeleistung und zu Betätigung seiner frommen und freundnachbarlichen Gesinnungen auffordern ließ. Ilse ging dem Boten entgegen und gab ihm Antwort und Zusage. Dann kehrte sie zu der Domina zurück.

„Was war es?", fragte diese.
„Ein Bote vom Landeshauptmann."
„Gute Nachricht?"
„Nein böse. Tangermünde liegt in Asche."
„Und Grete?"
„Mit unter den Trümmern."
„Armes Kind ... Ist heute der dritte Tag ... Ich wusst' es ..."
So ging ihr Gespräch.

*

Am Abend aber gaben die Puppenspieler den „Sündenfall". Der Saal war gefüllt und der Beifall groß. Niemand achtete des Wechsels, der in Besetzung der Rollen stattgefunden hatte.

Zenobia spielte den Engel.

NACHWORT

Im Jahre 1883 erhielt Paul Heyse von Theodor Fontane und seinem Verleger Wilhelm Hertz die Erlaubnis zum Abdruck der „Grete Minde" in der Reihe „Neuer Deutscher Novellenschatz". Der kurze Lebenslauf Fontanes, der der eigentlichen Würdigung seines Schaffens vorausgeht, ist beinahe ebenso interessant durch das, was er – absichtlich oder unabsichtlich – verschweigt wie durch seine biographischen Tatsachen. Seine Jugendzeit, hier völlig ausgespart, sollte erst im hohen Alter von Theodor Fontane selbst in einem seiner schönsten Bücher dargestellt werden: „Meine Kinderjahre". Von seinem ursprünglichen Beruf erfahren wir ebenso wenig: Fontane war – nach abgeschlossener Lehrzeit – noch neun Jahre als Apotheker tätig. Darüber berichtet er in seinem autobiographischen Buch „Von Zwanzig bis Dreißig". In einem Freundesbrief aus dem Jahre 1889 findet sich der psychologische Schlüssel zu dem hier geübten Verschweigen: „ . . . Neulich war Rittershaus bei mir, der das Pulver nicht erfunden hat. Aber eines war doch sehr gut. Er sagte: ‚Sehen Sie, dieser Ibsen. Man kann nicht drei Seiten lesen, ohne zu merken, dass er Apotheker war.' Wie mir dabei zu Mute wurde, können Sie sich denken; im Hause des Gehenkten spricht man nicht vom Strick. Aber trotz dieses Angstgefühls, trotzdem ich mir die Frage vorlegen musste: ‚Wie steht es denn mit dir? Merkt man es auch?', trotz alledem fand ich es vorzüglich. Überall der kleine, kluge, verrückte Apotheker, der sich, weltabgeschieden, in eine furchtbare Frage einbohrt."

Wir beurteilen heute die seit etwa 1880 erschienenen Erzählungen Fontanes von der Höhe seiner spät errungenen Meisterschaft her. Wäre er im Alter von 65 Jahren von uns gegangen, würde er wohl so in unserem Bewusstsein weiterleben, wie sein Freund Paul Heyse ihn hier geschildert hat: als Meister der Ballade, als feinsinniger Schilderer seiner märkischen Heimat, der soeben die ersten viel versprechenden Schritte in das Gebiet des Romans und der Novelle unternommen hat. Die Meisterwerke der Spätzeit, von denen zumindest eines – Effi Briest – in die schmale Zone der Weltliteratur aufragt, waren noch nicht geschrieben. Paul Heyse hat ihr Erscheinen noch erlebt, und als er, der lebenslang Gefeierte, im Jahre 1914 starb, konnte er schon ahnen, dass der Ruhm des bereits 1898 verstorbenen älteren Freundes den seinigen überstrahlen würde.

ANMERKUNGEN

Die Ziffern vor den Anmerkungen bezeichnen die Seiten.

1 *Grete Minde.* Der Name des Tangermünder Patriziergeschlechtes ist als Minden (Münden) überliefert: ein Herkunftsname. „Peter von der Stadt Münden genannt / wie's alten Leuten ist bekanndt."(Caspar Helmreich, Annales Tangermundenses.)
Altmärkische Chronik. Die Altmark weist durch ihren Namen darauf hin, dass sie den ältesten Teil der Mark Brandenburg darstellt. Sie entstand aus der unter Albrecht dem Bären gebildeten Nordmark und umfasste das (zuletzt etwa 80 Quadratmeilen große) im Wesentlichen linkselbische Gebiet zwischen der oberen Aller, dem Herzogtum Braunschweig und dem bis in die Ostheide sich erstreckenden Lüneburger Gebiet. Bei der Neuordnung des preußischen Staates 1815 kam die Altmark zur neugebildeten Provinz Sachsen.
3 *Wocken.* Niederdeutsche Bezeichnung für den Rocken: der Stock am Spinnrade, um den der zum Abspinnen dienende Werkstoff (Wolle, Flachs, Hanf) gelegt wird.
Schwieger. Mhd. „swiger" bezeichnete ursprünglich nur den Vater oder die Mutter des Ehegatten, also die Schwiegereltern. Die Bedeutung des Wortes überschneidet sich dann mit der aus derselben Wurzel stammenden von Schwager (Schwäher), bis Ende des 16. Jhs. eine Verdeutlichung durch Schwiegervater, -mutter, -sohn, -tochter erfolgt.
Trud. Vielleicht nur als Abkürzung für Gertrud gedacht. Gertrud = die den Ger führende Walküre; später angelehnt an trût = traut. In dem Namen klingt jedoch auch die Bedeutung des älteren Trude (Drude) nach, mhd. „trûte" = Hexe, Zauberin, Unholdin. Vgl. auch Grimms „Kinder- und Hausmärchen", Nr. 43: Frau Trude!
4 *Dill.* Alte Garten- und Gewürzpflanze; Doldengewächs (Anethum). Ahd. „tilli"; mhd. „tille"; noch bei Luther „Till"; seit dem 18. Jh. meist „die Dille".
Pastinak. Häufiger: die Pastinake; Doldenpflanze mit essbarer Wurzel, nach dem lat. „pastinaca" = Möhre. Schon ahd. „pestinac"; mhd. „pasternake"; danach zahlreiche mundartliche Nebenformen.
Märchen vom Machandelboom. Machandel = Wacholder. Das Märchen ist durch den Maler Phil. Otto Runge auf uns gekommen. Er zeichnete es – angeregt durch die Volksliedsammlung „Des Knaben Wunderhorn" – in der Mundart seiner hinterpommerschen Heimat auf und ließ es zuerst in der Arnimschen „Zeitschrift für Einsiedler" veröffentlichen. Von da gelangte es in die Sammlung der Grimmschen „Kinder- und Hausmärchen". Im Kontext der Erzählung erhält die Erwähnung des Märchens vorausdeutenden, symbolischen Charakter: In dem Märchen wird das Verhältnis zwischen einer Frau und ihrem Stiefkind thematisiert, was im Zusammenhang mit Fontanes Novelle als Anspielung auf Grete Mindes Schicksal interpretiert werden kann.
5 *Emrentz.* Emerentia. Heute ungebräuchlich gewordener weiblicher

Vorname; in der Zeit unserer Erzählung mehrfach belegt. In der Tangermünder Lokalsage trug ihn die Jungfrau Lorenz; außerdem steht er auf einem Epitaph der Frau des Bürgermeisters Guntz. Die Frau des Pastors Prätorius trug ihn, ebenso die Frau des damaligen Landeshauptmanns v. d. Knesebeck.

Gigas. Name und Person dieses lutherischen Geistlichen sind historisch belegt. Es handelt sich um eine Übertragung des deutschen Familiennamens Riese in die griechisch-lateinische Form, eine häufige Gepflogenheit der humanistischen Gelehrten. Vgl. Melan-chthon = Schwarz-ert; Prätorius = Schultz, Schulze u. a. m.

Calvin'scher. Mundartlich für Calvinist = Anhänger des reformierten Bekenntnisses nach der Lehre Calvins, die sich vor allem durch die Prädestination (Vorherbestimmung), durch die der Mensch von seiner Geburt an zur Gnade oder zur Verdammnis bestimmt sein soll (Stichwort „Gnadenwahl"), grundlegend vom Luthertum unterscheidet.

Kathol'scher. Mundartlich für Katholik, Bekenner des „alten", nach Ansicht der orthodoxen Lutheraner durch die Reformation endgültig überwundenen Glaubens.

Die beiden Grafen. Die Grafen Egmont und Hoorn, die in den durch Karls V. Abdankung zu Spanien geschlagenen Niederlanden für die Befreiung von der spanischen Herrschaft und die Freiheit des reformierten Bekenntnisses gewirkt hatten, wurden von dem Statthalter Alba zum Tode verurteilt und im Jahre 1568 auf dem Marktplatz zu Brüssel, also nicht in Brügge, hingerichtet.

Ananias. Hebräischer Eigenname, auch außerbiblisch belegt. In der Apostelgeschichte ist er dreimal vertreten: Ananias und Sapphira (Kap. 5, 1–11); der Jünger Ananias (Kap. 9, 10 f.); der Hohe Priester Ananias (Kap. 23, 2).

Aeneas. Griech. Mythos über einen der tapfersten Helden Trojas; trug auf Geheiß seiner göttlichen Mutter Aphrodite nach der Erstürmung Trojas seinen gelähmten Vater Anchises aus der brennenden Stadt und erreichte nach mannigfachen Irrfahrten die italische Landschaft Latium. Er galt den Römern als der göttliche Ahnherr ihrer Stadt. Aeneas' Abenteuer, die vermutlich eine historische Grundlage haben, wurden mehrfach in der Dichtung verarbeitet. Die wohl bekannteste Ausdeutung der Sage ist die „Aeneis" Vergils.

Firmung. Herleitung von lat. „firmare" (= befestigen, bekräftigen). In der katholischen Kirche werden Kinder im Alter von 7 bis 12 Jahren gefirmt. Das Sakrament der Firmung wird in der Regel von einem Bischof vollzogen, und zwar in Form von Handauflegung, Salbung, Gebet sowie einem Backenstreich. Erst mit der Firmung ist die Taufe vollendet. Die Gläubigen gelten jetzt als vollständige Kirchenmitglieder und sollen dank der Firmung in der Lage sein, ihren Glauben sowohl theoretisch als auch praktisch zu bekennen und zu verteidigen.

6 *Mit dem Mund.* Vgl. dazu das Gedicht „Im Garten", das sich zuerst in einer Ausgabe von 1875 findet und vielleicht ein eigenes Erlebnis aus der Jugendzeit schildert.

Die hohen Himbeerwände
Trennten dich und mich,
Doch im Laubwerk unsre Hände
Fanden von selber sich.

Die Hecke konnt' es nicht wehren,
Wie hoch sie immer stund:
Ich reichte dir die Beeren,
Und du reichtest mir deinen Mund.

Ach, schrittest du durch den Garten
Noch einmal im raschen Gang,
Wie gerne wollt' ich warten,
Warten stundenlang.

7 *Muhme.* Ursprünglich die Mutterschwester (Tante); seit dem 14. Jh. ausgeweitet auf „Schwägerin", im 15. Jh. auf „weibliche Verwandte", auch „weibliches Geschwisterkind". In der alten Bedeutung noch heute verwendet in der bayerischen Mundart.

9 *Gardelegen.* Eine der „sieben Städte" der Altmark. Schon im 11. Jh. als Dorf im Schutze der markgräflichen Burg urkundlich erwähnt. Die Erhebung zur Stadt geht auf einen Enkel Albrechts des Bären im 12. Jh. zurück.
Litanei (griech.-lat.). Kirchlicher Bitt- und Klagegesang zur Versöhnung. Vgl. mhd. „letanîe", „littanîe".
Anger. Ungepflügtes, wildgrünes Grasland; Bauland. Ahd. „angar"; mhd. „anger".

10 *Atlaskollett.* Ursprünglich Reitjacke: kurze, am Hals hoch geschlossene Jacke (von lat. collum = der Hals) aus Atlas, einem glatten, glänzenden Seidenzeug.
Hanswurst. Ursprünglich die lustige Person der mittelalterlichen Fastnachtsaufzüge; „Darumb Hans Worst, das er starck, fett und völligs Leibes ist" (Luther). Bei Hans Sachs ist Wurst-Hans der Name für Fresser. Ähnlich heißt der Possenreißer bei den Franzosen Jean Potage, bei den Engländern Jack Pudding. Als Narr im Schauspiel kommt Hans Wurst zuerst in einem Stück von 1573 vor.
Barett. Schirmlose runde oder eckige Kopfbedeckung, ursprünglich bei Geistlichen, Richtern u. a. Abgeleitet vom mittellat. „barretum", „birretum".
Tangermünde. Eine der ältesten Städte der Altmark, für längere Zeit die berühmteste. Entstanden im Schutze der Burg auf dem hochgelegenen linken Elbufer, die wahrscheinlich bis auf Heinrich I. zurückgeht, an der Einmündung der Tanger in die Elbe. Wichtige Elbzollstätte; einziger Elbübergang zwischen Magdeburg und Wittenberge. Hansestadt. Ihre große Zeit erlebte die Stadt unter dem Kaiser Karl IV., der sie zur Metropole seiner norddeutschen Besitzungen machen wollte. Nach seinem Tod verlor sie ihre politische Bedeutung an die aufstrebende Doppelstadt Berlin-Cölln; ihr wirtschaftlicher Wohlstand wurde im 30-jährigen Kriege für immer vernichtet.

Das Jüngste Gericht. Vgl. die Anm. zu „Weltenrichter", S. 12, ferner den Bericht Andreas Ritners über die historische Aufführung in unserer Beilage.
Satisfaktion (lat.). Genugtuung; Befriedigung; zuerst im 16. Jh. gebraucht.
Diadem (griech.-lat.). Kopf-, Stirnbinde als Zeichen der höchsten (priesterlichen oder königlichen) Würde; später Stirnband, Stirnreif zum Schmuck; schon mhd. „diad(r)m".

11 *Sandelkästchen.* Kästchen aus dem Holz eines würzig-wohlriechenden ostindischen Baumes, Santalum album (griech.-lat.), das als Handelsgut in den Westen kam.
Theriak (griech.-lat.). Ursprünglich Arzneimittel gegen tierisches Gift (theriacus = wider Schlangenbiss dienlich); später ein aus vielen (bis zu 70!) Stoffen zusammengesetztes Allheilmittel in Breiform.

12 *Schmale und breite Tür.* Nach Matth. 7, 13–14: Gehet ein durch die enge Pforte. Denn die Pforte ist weit, und der Weg ist breit, der zur Verdammnis abführet, und ihrer sind viele, die darauf wandeln. Und die Pforte ist eng, und der Weg ist schmal, der zum Leben führet, und wenige sind ihrer, die ihn finden.
Scherge. Gerichts-, Polizeiknecht; mhd. „scherge", „scherje" = Gerichtsdiener, von ahd. „scarjo", ursprüngl. Scharführer, Hauptmann. Bedeutungswandel!
Totentanz. Die bildliche Darstellung von Menschen aller Schichten und jeden Alters, die einen Reigen mit Toten tanzen – einen Reigen ins Jenseits. Dahinter steht die Lehre, dass vor dem Tod alle Menschen gleich sind sowie das mahnende „memento mori"-Motiv. Häufig wurden die seit dem Mittelalter bekannten Totentanzdarstellungen durch Begleitverse verdeutlicht. Das früheste Beispiel eines Totentanzes dieser Art ist aus Paris belegt; die berühmteste Darstellung ist die dem Maler Holbein zugeschriebene zu Basel (der „Tod von Basel"); für den norddeutschen Raum ist die Schilderung in der Totentanzkapelle der St. Marienkirche zu Lübeck beispielhaft. Das „Memento mori"- Motiv erfuhr auch dichterische Behandlung; am bekanntesten sind die Volkslieder „Es ist ein Schnitter, der heißt Tod" und „Wohlauf mit mir auf diesen Plan, ein' Tanz will ich euch heben an"; für Totentanzdarstellungen unseres Jhs. ist bes. auf H. v. Hofmannsthal und dessen Dramen hinzuweisen.
Weltenrichter. Jesus Christus auf dem „Stuhl seiner Herrlichkeit" beim Jüngsten Gericht, dessen packende Schilderung Matthäus als einziger Evangelist bringt (Matth. 25, 31–46). Diese Zukunftsvision hat schon seit frühchristlicher Zeit vielfachen Ausdruck in allen Kunstformen gefunden: in Mosaiken, in der Hymnen- und Liederdichtung, auf der Bühne, in der Malerei und in der Musik. Noch zwei Menschenalter nach der hier geschilderten Zeit (1683) kam in der Lübecker Marienkirche das gleiche Thema in Dietrich Buxtehudes gewaltigem Oratorium zur Darstellung: „Das jüngste Gericht, ... gesprächsweise ... in 5 Vorstellungen ... gezeiget."
Gravitätisch (lat.). Gewichtig; mit würdevollem Ernst; seit dem Ende des 16. Jh. belegt.

Abt. Der Vorsteher einer Abtei, eines höheren klösterlichen Stiftes, und damit dem Prior übergeordnet. Vom syrischen „abba" als „abbas" ins Kirchenlatein übernommen. (vgl. Röm. 8, 15: Abba, ⟨lieber⟩ Vater!) Schon ahd. „abbat"; mhd. „abbet".

14 *Pickelhering.* Eigentlich eingepökelter (d. h. Salz-) Hering; im übertragenen Sinne: die lustige Person auf der Schaubühne; mit den englischen Komödianten zu Beginn des 17. Jh. aufs Festland gebracht; vgl. engl. „pickleherring".

Kindelbier. Im engeren Sinne das anlässlich einer Kindstaufe ausgeschenkte Bier, im weiteren Sinne das ganze Festessen; schon bei Luther als „Kinderbier" belegt.

Gott lässt sich nicht spotten. Nach dem Pauluswort im Brief an die Galater (Kap. 6, 7): Irret euch nicht! Gott lässt sich nicht spotten. (Denn was der Mensch säet, das wird er ernten.) – Mit diesen Worten hat der im Jahre 1716 von Tangermünde verzogene Magister Chr. Matthias Seydel – also 70 Jahre nach der unglücklichen Aufführung – in seiner Abschiedspredigt der verunglückten fünf Kinder gedacht und sich der vielerorts bezeugten Theaterfeindlichkeit bei Geistlichen und Ratsherren angeschlossen: „Das heißt: Gott lässt sich nicht spotten. Da solche ernste Gerichte Gottes im Kinderspiel vorgestellet werden, wird dadurch unvermerkt der atheistische und epikuräische Gedanke entweder erregt oder vermehrt, als ob alles, was von Gott und göttlichen Dingen gesagt wird, nur ein Puppenspiel wäre!"

Käpsel. Käppchen, Käpplein. Als häusliche Kopfbedeckung von Männern, Mützchen ohne Rand oder Krempe (so in Sachsen); in der Altmark aber „jede Kopfbedeckung, mit dem Nebenbegriff des Schlechten"(Danneil).

16 *Melissengeist* (griech.-lat.). Die nach dem griechischen Namen der Biene benannte Pflanze Melissa heißt auf Deutsch Bienenkraut. Das in ihr enthaltene ätherische Öl wurde mit Alkohol ausgezogen und fand schon in der mittelalterlichen Heilkunde Verwendung.

18 *Der Stendalsche Roland.* Der weißgraue, steinerne Roland auf dem Markt – vor der Gerichtslaube – ist einer der stattlichsten Vertreter seiner Art in Deutschland. Die hagere Ritterfigur ist 5,5 Meter hoch und hält in der rechten Hand das mächtige, aufwärts gerichtete Schwert, in der linken den Schild mit dem brandenburgischen Adler. Die Figur wurde 1525, wahrscheinlich an Stelle einer älteren Säule, errichtet. Der Vergleich zwischen Rolandstatue und Gerdts Mutter ist als ironische Anspielung zu verstehen: Indem die Statue bürgerliche Privilegien (Freiheit und Gerichtsbarkeit der Stadt) symbolisiert, tritt das konträre Verhalten von Gerdts Mutter umso deutlicher hervor.

Dr. Lutheri Lieder. Die von Martin Luther gesammelten, bearbeiteten und z. T. selbst gedichteten geistlichen Gesänge für den Gebrauch im Gottesdienst.

19 *Sankt Stephan.* Die Haupt- und Stadtkirche von Tangermünde, um 1180 gegründet und dem Schutzpatron des Halberstädter Bistums geweiht, von Kaiser Karl IV. ausgebaut und erweitert. Der nördliche

der beiden Türme erhielt 1601 eine wegen ihrer Größe und Kühnheit (angeblich 450 Fuß hoch!) weithin berühmte, kupfergedeckte Spitze, die dann 1617 zugrunde ging.
Ebenholz. Das Holz des Ebenbaumes: ohne (erkennbare) Maserung, schwer, sehr hart, von schwarzer Farbe; schon früh für Schmuck- und Einlegearbeiten und bei besonderer Beanspruchung verwendet (daher „Ebenist" für den Kunsttischler!), in neuerer Zeit insbes. für die schwarzen Tasten der Klaviere; aus dem Hebräischen „oben" = Stein, das selbst schon ägyptischen Ursprungs ist, entstand das griech.-lat. „ebenus". Im Deutschen schon im frühen Mittelalter.
Rote und weiße Rosen. Vom Dichter an dieser Stelle wohl in symbolischer Absicht gebraucht. In der Blumensymbolik war die Rose seit den ältesten Zeiten die klassische Blume zur Bezeichnung der Freude, des Angenehmen. Biblisch tritt sie u. a. in der Weisheit Salomos 2, 8 auf, in christlicher Zeit erfuhr sie vor allem seit dem 12. Jh. eine Umdeutung auf die Jungfrau Maria. Die Beziehung zum Luthertum dürfte durch den Wappenspruch Luthers gegeben sein: „Des Christen Herz auf Rosen geht, wenn's mitten unterm Kreuze steht." Eine mögliche versteckte Anspielung auf das in der gleichen Zeit entstehende Rosenkreuzertum des Joh. Valentin Andreä ist nicht weiter nachweisbar.
Wachet und betet. Das Wort des Heilands im Garten Gethsemane (Matth. 26, 41): Wachet und betet, dass ihr nicht in Anfechtung fallet! Der Geist ist willig, aber das Fleisch ist schwach.
20 *Die sieben Bitten.* Zu ergänzen: des Vaterunsers; nach der Bergpredigt, Matth. 6, 9–13.
21 *Die guten Werke.* Anspielung auf die Lehre der katholischen Kirche, nach der die Ausübung der guten Werke als unerlässlich für den Erwerb der Seligkeit galt, die aber, wie seinerzeit schon im Judentum, zur Werkgerechtigkeit und in ihrer äußersten Verflachung zum Ablasshandel führte und damit ein unmittelbarer Anstoß zur reformatorischen Bewegung mit ihrer (überstarken) Betonung des Glaubens wurde.
Ein Splitter von seinem Kreuz. Die alten Chronisten nennen unter den kostbaren Reliquien, die Kaiser Karl IV. in der prachtvollen Schlosskapelle seiner Burg Tangermünde aufbewahrte, einen Splitter vom heiligen Kreuz in goldenem Behältnis.
Sein Kreuz tragen. Bildlich für: Leiden auf sich nehmen. Nach dem Jesuswort bei Markus 8, 34: Wer mir will nachfolgen, der verleugne sich selbst und nehme sein Kreuz auf sich und folge (so) mir nach.
23 *Der Lorenzwald.* Dieser Wald ist nach neueren Forschungen als ebenso sagenhaft zu betrachten wie die Erzählung von der Jungfrau Lorenz. In früherer Zeit hieß ein gutes Drittel der gesamten Feldmark von Tangermünde das Lorenzfeld, wahrscheinlich nach einem untergegangenen wendischen Dorf (Doberenz oder Boberenz); der Name Lorenzfeld oder Lorenzhufe hat sich erst im 18. Jh. eingebürgert. Ältere Chronisten erwähnen weder die Sage noch den Wald.
Jungfrau Lorenz. Ikonologische Lokalsage, die ihre Entstehung einer Holzplastik verdankt, deren ursprüngliche Bedeutung nicht

mehr verstanden wurde: auf einem roh gearbeiteten hölzernen Hirschkopf mit echtem Geweih aus neuerer Zeit steht eine weibliche Gestalt in langem, faltenreichem Gewand und mit schlichtem, flechtenartig herabfallendem Haar. Die Figur ist von halber Lebensgröße, gut gearbeitet und etwa um 1500 entstanden. – Die Fontanesche Fassung der Sage weicht in mehreren Punkten von der Tangermünder Überlieferung ab. Dieser zufolge hat Gott der reichen Jungfer Lorenz nach dreitägigem Umherirren im Wald den rettenden Hirsch gesandt, um sie wegen ihrer Wohltätigkeit gegen die Armen zu belohnen. Sie habe darauf das ihr gehörende Lorenzfeld der Nikolaikirche geschenkt und die Aufhängung der Holzplastik ebenda veranlasst. – Bei einem zufälligen Reiseaufenthalt in Tangermünde wurde der Berliner Bildhauer Chr. Dan. Rauch durch das Holzbild zu einer berühmt gewordenen Statuette angeregt: Jungfer Lorenz auf einem Hirsch reitend. Diese fand durch Kopien und immer schwächere Nachahmungen eine sehr weite Verbreitung, bis sie schließlich als „Genoveva" in die Niederungen der Gips- und Nippesfigurenhändler absank. Sie hat aber auch die Sage bekannt gemacht und zu ihrer dichterischen Bearbeitung angeregt. Neben zahlreichen anderen, noch weniger geglückten dichterischen Ausformungen steht die sehr gefühlvolle Ballade von Franz Kugler, Fontanes älterem Freund, der dann noch die Ehre einer Vertonung durch Carl Loewe zuteil wurde. – Karl Simrock endlich hat die Erzählung in einer kühnen Nach- und Weiterdichtung in die deutsche Heldendichtung einzuordnen versucht, während andere Forscher in ihr die Restbestände eines tieferen mythologischen Sinngehaltes zu erkennen glaubten.

Sankt Nikolai. Die älteste Pfarrkirche der Stadt, vermutlich schon vom Markgrafen Otto I. errichtet, dicht beim Neustädter Tor. Schon lange ihrem eigentlichen Zwecke entfremdet, diente sie als städtisches Krankenhaus und Militärlazarett. Das erwähnte Bildwerk wurde 1831 in die Stephanskirche gebracht.

Habt ihr es nicht vernommen? Das Gedicht stammt von A. Vulpius, der es unter dem Titel „Lenzes Ankunft" im 1. Band seiner „Curiositäten" 1811 in Weimar herausgab. Mit der Melodie von Friedrich Silcher (1842) ging es im 19. Jh. in Schulliederbücher ein. Fontane hat die ersten beiden Zeilen des Originals vertauscht sowie die dritte Strophe weggelassen.

24 *Karussell* (ital.-franz.). Ursprünglich romanische Bezeichnung für ein Reiterspiel: das Ringelrennen als Ersatz für das ritterliche Turnier; in einfachster Form ein Drehgestell mit hölzernen Pferden, von denen aus nach dem Ring gestochen wurde. Später diente es nur noch zur Kinderbelustigung.

25 *Ringelstechen.* Ritterliches Geschicklichkeitsspiel, bei dem frei aufgehängte kleine Ringe vom Pferd aus mit einer Lanze herabgeholt werden mussten; als „Ringleinrennen" schon 1575 und 1608, als „Ringrennen" 1616 beschrieben.; über das diesem Spiel nachgeahmte Karussell s. o.; in neuerer Zeit von den ländlichen Reitervereinen in der alten, echten Form wieder belebt.

Taubenschießen. Alte Volksbelustigung, auch als Vogelschießen bekannt. Man schoss mit einer Armbrust nach einem ausgesägten hölzernen Vogel auf hoher Stange, der von den Schützen stückweise heruntergeholt wurde. Wer „den Vogel abgeschossen" hatte, war Sieger.

29 *Sakristei* (lat.). Ursprünglich Gerätezimmer, in dem der Sakristan (Küster, Messner) die Pfarrgewänder und kirchlichen Geräte verwahrt; in protestantischen Kirchen das Pfarrstübchen, in dem der Geistliche zwischen Liturgie und Predigt verweilt und sonst auch kirchliche Amtshandlungen vornimmt.

30 *Friedfertig . . .* Aus den Seligpreisungen der Bergpredigt, Matth. 6, 3–10.

31 *Verreden.* Ältere Bedeutung: geloben, etwas nicht wieder zu tun; so noch bei Goethe, Reineke Fuchs; hier im Sinne von „verrufen", „jemanden in schlechten Ruf bringen"; „jemandem etwas anhängen".

34 *Die „Freiheit".* Auch Burgfreiheit, Schlossfreiheit. Eine kurze, platzartig erweiterte Straße vor dem Burgtor, die durch das Zingeltor (Außentor) von der Stadt abgeschlossen war. Die dort stehenden Häuser waren sämtlich Burglehnhäuser (Freisassenhäuser). Ihre Bewohner unterstanden nicht der städtischen Gerichtsbarkeit und waren daher auch von den üblichen städtischen Lasten und Abgaben befreit.

Flachsbrechen. Bei der Flachsbereitung wurden die von ihren fleischigen Bestandteilen befreiten starren Stängel der Flachspflanze mit einem hölzernen Messer über einer Vertiefung vielfach gebrochen, um sie geschmeidig zu machen, und dann büschelweise durch aufrechtstehende Stahlspitzen, die Hechel, gezogen. Dabei fielen die kurzen Fasern und die letzten Verunreinigungen ab: das Werg. Die gereinigten langen Fasern wurden um den Wocken des Spinnrades gewunden und von dort zu einem Leinfaden abgesponnen.

Es waren zwei Königskinder. Hochdeutsche Fassung Fontanes (?) nach einer Lesart aus Ostfriesland, die 1841 zuerst veröffentlicht wurde, 17 Strophen umfasst und von der bekannten, heute noch gesungenen Fassung des alten Volksliedes mehrfach abweicht. Die Bruchstücke in der Erzählung lauten im Original:

    1 Dar wassen twee Königeskinder,
        Dee hadden eenander so leev,
        Bi'n ander kunnen se nich kommen,
        Dat water was völs to breed.

    2 „Du kannst ja good swemmen, min leeve,
        So swemme herover to mi:..

    8 Ach dochter, leeveste dochter,
        Alleen dürst du nich gaan.
        Weck up din jungeste süster,
        Un dee laat mit di gaan."

    9 „Och nee! min jungeste süster
        is noch een spölend kind,
        „Dee löpt na alle de blöömtjes,
        Dee an de seekante sünt."

39 *Prophetenstelle.* Hosea 14, 4: Lass die Waisen bei dir Gnade finden. – Die angeführte Stelle ist nur eine neben zahlreichen ähnlich lautenden anderen bei Jesaja, Jeremia, Micha, Hiob, im Psalter, bei Jesus Sirach usw., die alle die Absicht verfolgten, den Kindern Israel die im mosaischen Gesetz gebotene Barmherzigkeit gegen Witwen und Waisen immer von neuem in Erinnerung zu bringen. Vgl. Exod. 22, 21: Ihr sollt keine Witwen und Waisen bedrängen. Deut. 10, 18: Schafft Recht den Waisen und Witwen. – Es darf daran erinnert werden, dass die gleiche Verpflichtung auf den Rittern, weltlichen wie geistlichen, des gesamten christlichen Mittelalters ruhte.
Der Herr Kurfürst. Johann Sigismund, Kurfürst von Brandenburg (1608–1619). Sein Übertritt zur reformierten Kirche (1613) wird in der Geschichtsschreibung verschieden beurteilt. Während Droysen (Preuß. Politik, 2, 2) diesen Entschluss Johann Sigismunds als einen freien Gewissensentscheid und eine hohe sittliche Tat rühmte, da er ohne jede praktische Berechnung erfolgt sei, betonte Ranke (12 Bücher Preuß. Geschichte), dass bei diesem Schritt des Kurfürsten auch das politische Motiv mitgewirkt habe, anlässlich des Jülich-Cleveschen Erbfolgestreites Anschluss an die Reformierten zu gewinnen.

40 *Zu Abfall und Untreue.* Nach den Bestimmungen des Augsburger Religionsfriedens (1555) stand den Reichsständen, die sich zur Augsburgischen Konfession (vgl. Anm. zu Zeile 22) bekannten, das Recht zu, das Bekenntnis ihrer Untertanen zu bestimmen. „Cuius regio, eius religio". (Wessen Herrschaft, dessen Bekenntnis.) Da die Reformierten aber von den Bestimmungen des Friedens ausgeschlossen blieben, hätte die Durchführung dieses Grundsatzes in Brandenburg ohne den klugen Verzicht des Kurfürsten zu schwerwiegenden Verwicklungen geführt.
Das Wort des Heilands. Die Erzählung vom Zinsgroschen, der dieses Wort entnommen ist, findet sich fast übereinstimmend in den drei synoptischen Evangelien: Matth. 22, 15–22; Mark. 12, 13–17; Luk. 20, 20–26.
Taube des heiligen Geistes. Nach dem übereinstimmenden Bericht aller vier Evangelisten von der Taufe Jesu fuhr der heilige Geist vom Himmel „wie eine Taube" (d. i. zunächst: nach Art einer Taube) auf ihn herab. Der Vergleich kommt auch nur an dieser Stelle vor; die Taube war im Judentum kein übliches Bild für den Geist. Sie wurde erst im Christentum zur symbolischen Darstellung des Hl. Geistes mit zunehmender Häufigkeit benutzt.
Augsburgische Konfession. Die große Bekenntnisschrift des Luthertums, von Melanchthon verfasst und dem Reichstag 1530 vorgelegt.
Rektor (lat.). Ursprünglich der Lenker, Leiter, Erzieher. Das Amt eines Schulvorstehers, das wir in erster Linie damit bezeichnen, lag – auch schon vor der Reformation – meist in den Händen eines bewährten Geistlichen.

41 *Hermelinpelz.* Der weiße Pelz des großen nordischen Wiesels als Bestandteil und Schmuck der Kleidung war ursprünglich den Fürstlichkeiten vorbehalten. Es spricht hier für den Reichtum und das

Selbstbewusstsein der städtischen Patrizierfamilien, wenn auch ihre Frauen sich mit dem seltenen Pelzwerk kleiden.

Stadtpfeifer. Seit dem 15. Jh. Sammelbezeichnung für die Musikanten in städtischen Diensten, die gildenmäßig organisiert waren und für Turm-, Marsch- und Tanzmusiken sowie für Repräsentationszwecke zur Verfügung stehen mussten. Ihre Anzahl scheint hier zugunsten des feierlichen Anlasses in wohlmeinender Absicht leicht übertrieben: die Tangermünder Chroniken berichten nur von einem einzigen Stadtpfeifer, dessen Dienstwohnung sich noch dazu im Rathause befand.

Thymianbusch. Die Pflanze Thymus vulgaris, dem einheimischen Quendel verwandt, hat ihren Namen von der griech. Bezeichnung für Räucherwerk. Bei uns ist sie schon seit dem 11. Jh. als Gewürzpflanze urkundlich belegt. Ihr Vorkommen im bürgerlichen Haushalt kann mehrere Gründe haben: durch ihr ätherisches Öl verbreitet sie einen angenehmen Geruch; sie zieht die Fliegen an sich; sie schützt – nach dem Volksglauben – das Haus gegen Hexen und Blitzschlag.

Kiehnenholz. Das harzreiche Holz der Kiefer oder Föhre, eines Charakterbaumes der Altmark.

43 *Ranunkeln* (lat.). Seit dem 16. Jh. übliche Bezeichnung für die Hahnenfußarten. Der lat. Name „ranunculus" (wörtl. = Fröschchen) erklärt sich aus dem feuchten Standort der Pflanzen.

Ampfer. Eine hohe, über das Gras herausragende und sauer schmeckende Wiesenpflanze (Rumex acetosa), vgl. ahd. „ampharo" = „sauer, bitter". Seit dem mhd. in der heutigen Form. Die übliche Bezeichnung Sauerampfer ist demnach eine Tautologie.

Werft. Die Werftweide: in einigen Gegenden ein Name der Salweide (Salix caprea), ein 3–9 m hoher Strauch mit Kätzchen, die vor dem Aufblühen silber-weiß glänzen; oft auch nur die Werfte. Es ist ursprünglich ein slawisches Wort, welches durch die Wenden in Deutschland eingeführt wurde.

Die große Tangerschlacht. Im Jahre 983, nach dem Tode Ottos d. Gr., ging in einem großen Aufstand der Wenden alles Land östlich der Elbe wieder verloren. Auch Tangermünde wurde dabei zerstört.

Buch. Heute Dorf, im Mittelalter Marktflecken, mit den Resten einer festen Burg; Stammsitz des berühmten Geschlechtes derer von Buch. Der Ort weist ebenfalls eine alte Rolandsäule auf, die zu Pfingsten von der Dorfjugend bekränzt wird. Man erkennt darin den Rest eines mittelalterlichen Maien- oder Rolandfestes, das den Dichter zu seiner Darstellung angeregt haben könnte.

44 *Otto mit dem Pfeil.* Markgraf Otto IV. (1266–1309), einer der askanischen Markgrafen von Brandenburg, lag in beständiger Fehde mit dem Erzbistum Magdeburg, bis er die Erwählung seines jüngsten Bruders Erich zum Erzbischof durchgesetzt hatte. Er war einer der letzten Minnesänger; sein Bild und das seiner schönen Frau finden sich in der berühmten Manessischen Liederhandschrift.

45 *Genferisch.* Gleichbedeutend mit calvinistisch (vgl. Anm. zu S. 5) und reformiert. Nach der Stadt Genf, wo sich Johann Calvin nach seiner Vertreibung aus Frankreich (1534) bis zu seinem Tode (1564)

aufhielt und wo er die nach ihm benannte Kirchenverfassung, die gleichzeitig auch die Staatsverfassung mit einschloss, mit aller Schärfe durchführte. Genf blieb daher auch nach seinem Tode ein zentraler Ort des Calvinismus.

50 *Arendsee.* Offene Stadt am gleichnamigen See im nördlichen Teil der Altmark. Hier gründete Markgraf Otto I. 1184 zu Ehren der Jungfrau Maria ein Benediktinerinnen-Kloster, das zur Zeit seiner größten Blüte, kurz vor der Reformation, bis zu 70 Ordensschwestern zählte. Durch die Reformation erfolgte die Umwandlung in ein adliges Fräuleinstift, das noch bis 1812 bestand. Nach der Umwandlung in eine Staatsdomäne wurden mit Ausnahme der romanischen Klosterkirche die meisten der zahlreichen Klostergebäude abgerissen. Fontane hat bei seiner Schilderung nicht allein seine nachschaffende Phantasie walten lassen, sondern konnte auch auf ähnliche Eindrücke aus dem gleichfalls säkularisierten Kloster Dobbertin in Mecklenburg zurückgreifen, wo er seine mütterliche Freundin, Mathilde von Rohr, besuchte, die dort als Conventualin ihr Leben beschloss.

Friesjacke. Jacke aus einem krausen, ungeschorenen, tuchartigen Wollenzeug.

51 *Die Finsternis ist das Böse.* In der symbolischen Bedeutung von Licht und Finsternis begegnen sich älteste germanische Überlieferung und christliche Anschauung. Seit jeher ist die Finsternis das Symbol für Schrecken, Unheil und alles Unterweltliche. Bei Matth. 8, 12 (und öfter) ist die Rede vom Hinausstoßen oder -werfen in die Finsternis, wo Heulen und Zähneklappen sein wird. Im Himmel dagegen, bei Gott, ist nur Licht. Von Jesus, dem Licht der Welt, und von den Gläubigen als den Kindern des Lichtes berichtet das Johannes-Evangelium. Zahlreiche Stellen in den Paulus-Briefen schließlich bezeugen die Begeisterung und Überzeugungskraft, mit der dieser Wortgewaltige sich der Licht-Finsternis-Metaphorik bedient.

52 *Neumühlen.* Wahrscheinlich das heutige Neumühle, eine Försterei im nordwestlichen Teile des Kreises Salzwedel, gegen die hannoversche Grenze zu.

55 *In Front des Herdes.* Fontanesche Spracheigentümlichkeit; räumliches „vor" bezeichnet er häufig auf diese Weise. Vgl. auch S. 68: in Front ihres Hauses. Vielleicht ein Anglizismus, Vgl. engl. „in front of".

57 *Dorn.* Sammelbezeichnung für stachelige, heckenbildende Holzpflanzen, insbesondere den Weißdorn (Crataegus oxyacanthus; auch Hagedorn).

58 *Ausspannung.* Auch Ausspann, Ausspanne: Gasthaus mit Stallungen zur Unterbringung der Zug- und Reitpferde durchreisender Gäste.

Zocken. Das (nicht mehr gebräuchliche) niederdtsch. Verb. „zocken" bedeutete: „ziehen, zerren, reißen"; dann auch: „wiederholt an etwas zupfen". Dieser Sinn liegt dem hier gebrauchten Wort für die Fäden oder Drähte des Marionettentheaters zugrunde.

Zenobia. Seltener Frauenname griechischen Ursprungs.

Freibrief. Hier gleichbedeutend mit Reisepass, der, von einer hohen

Reichs- oder Landesbehörde ausgestellt, dem Inhaber freie Bewegungsmöglichkeit auch über die engen Territorialgrenzen hinaus zusicherte.
59 *Ein guter Spruch.* Der Merkspruch, Merkvers über die „sieben Städte" der Altmark, die z. T. auf dem Neckfuß miteinander standen, wurde durch Fontane leicht geändert und gekürzt. Er wird gewöhnlich in folgender Form überliefert:
>De Stendalschen drinken gern Wien,
>De Gardeleger wullen Junker sien,
>De Tangermünder hebben den Moth,
>De Soltwedler hebben dat Goth,
>De Seehuser dat sind Ebenthür (Abenteurer),
>De Werbener geben den Weiten dür,
>De Osterborger wollten sik räken (recken, groß tun)
>Un däden den Bullen för den Bären stäken.

Die freie Weiterbildung ist Fontanes Eigentum.
Säkularisieren (lat.). Verweltlichen: insbes. ein Gebiet mit geistlicher Oberhoheit der weltlichen Herrschaft unterstellen, was im Gefolge der Reformation fast immer einer Enteignung gleichkam. Die Insassen der Klöster und geistlichen Stifte erhielten meist das Recht der Nutznießung bis an ihr Lebensende, sofern sie nicht ins weltliche Leben zurücktraten.
Der Herr Joachim. Kurfürst Joachim II. (1535–1571), im Gegensatz zu seinem altgläubigen Vater Joachim I. ein Anhänger der Lutherschen Lehre, führte 1539 in seinem Lande die Reformation ein. Seine beiden jüngeren Söhne wurden nacheinander evangelische Erzbischöfe (Administratoren) von Magdeburg. Joachim Friedrich, der diese Würde seit 1566 innehatte, folgte seinem Bruder Johann Georg (1571–1598) als Kurfürst und regierte noch bis 1608. Sein Nachfolger ist Johann Sigismund (vgl. Anm. zu S. 39). Die Angabe „vorvoriger Herr Kurfürst" ist also nicht ganz zutreffend; sie könnte allenfalls die Generationenfolge innerhalb der Familie bezeichnen.
60 *Cölln an der Spree.* Der ältere Teil der späteren Doppelstadt Berlin-Cölln, auf einer Anhöhe am diesseitigen Ufer der Spree erbaut, blieb noch auf lange Zeit der Verwaltungsmittelpunkt der westlichen Landesteile, während Berlin (gegründet um 1240) für die neu kolonisierten Gebiete jenseits der Spree zuständig war.
Kaiser Karolus sien bestet Peerd. Trinklied, Rundgesang, der in der Altmark in feucht-fröhlicher Gesellschaft gesungen wurde und zu Fontanes Zeiten noch lebendig war. „De Kaiser Karolus de harr (r)n Peerd, dat was ne fahle Stute. Up (r)nem Oge da sach se nich recht, dat annere was rein ute. Rein ute, rein ute, rein ute, rein ute" und so fort, bis derjenige, dem der Sang galt, ausgetrunken und die Nagelprobe gemacht hatte – „da wischt he sik sine Snute!" – Darin lebte angeblich die letzte Erinnerung an die früher im Volk lebendigen Anekdoten um Kaiser Karl IV. Sie werden noch erwähnt, aber leider nicht mehr erzählt in des Tangermündischen Rektors Entzelt „Altmärkischer Chronik", die mit dem Jahre 1579 abschließt: „Es zeigen auch seine vielfältigen Thaten, dass er ein kurtzweiliger Herr gewesen ist, als mit

dem fahlen Pferde, so aber zu lange zu erzählen ist, auch die Speise, die nichts kostet und niemand schadet; item falsche That, falsches Geld."
Zu Bacharach am Rheine wohnt eine Zauberin usw. So lautet der Anfang des Gedichtes von Clemens Brentano: „Lore Lay, die Zauberin". Es findet sich zuerst in seinem „verwilderten" Roman: „Godwi, oder das steinerne Bild der Mutter"(1801/1802) und wurde früher auf die Melodie des alten Volksliedes gesungen: „Stand ich auf hohem Berge". Auf Brentano geht tatsächlich die Lokalisierung der heute so „volkstümlichen", durch Heine sentimental verflachten Sage an den Lurleifelsen (= Loreley) zurück. – Fontanes Absicht war natürlich von vornherein auf ein Trinklied gerichtet.
Der liebste Buhle, den ich han. Der Text dieses beliebten Zecherliedes, des „Muscatellerliedes", findet sich zuerst bei A. Scandellus, Newe deudsche Liedlein, Nürnberg 1570 und bald darauf in Fischarts „Geschichtsklitterung", 1575. Die Befangenheit, mit der das 19. Jh. den derben Fassungen der alten Volkslieder gegenüberstand, wird aus Fontanes Glättungsversuchen deutlich. Das Original lautet:

> „Der liebste bule, den ich han,
> der ligt beim wirt im keller,
> Er hat ein hölzens Röcklein an
> Und heißt der Muscateller.
>
> Er hat mich nechten trunken gmacht
> und fröhlich heut den ganzen tag,
> Gott geb ihm heint ein gute Nacht!
>
> Von diesem bulen, den ich mein,
> wil ich dir bald eins bringen;
> Es ist der allerbeste wein.
> macht mich lustig zu singen:
>
> Frischt mir das blut, gibt freien mut,
> als durch sein kraft und eigenschaft:
> nun grüß dich Gott, mein rebensaft!"

64 *Die Domina* (lat.). Die Herrin. Titel der Vorsteherin in den säkularisierten und meist in adlige Damenstifte umgewandelten Klöstern.
Ilse Schulenburg. Der Name ist von einem der ältesten altmärkischen Geschlechter entlehnt: die von der Schulenburg, ursprünglich niedersächsischer Herkunft, wurden schon früh in der Gegend des späteren Salzwedel ansässig.
65 *Fenchel.* Mit dem Dill verwandte Gartenpflanze (Anethum foeniculum); auch in der Heilkunde verwendet. Die lat. Benennung ist als Lehnwort in alle modernen Sprachen gedrungen.
Rosmarin (lat.). Der würzige Strauch Rosmarin mit kleinen, immergrünen Blättern. Er stammt aus dem Mittelmeergebiet und ist über die Burg- und Klostergärten bei uns heimisch geworden. Das lat. ros marinus bedeutet: Tau am Meeresstrand, weil die Pflanze ganze Küstenstrecken wie mit einem schwach glänzenden Polster bekleidet.

Hauslaub. Neben Hauslauch (mhd. „hûslouch") eine der volkstümlichen Bezeichnungen für Hauswurz, das auf Dächern wachsende saftige Dickblattgewächs Sempervium (= das immer Lebendige).

Das Fräulein von Jagow. Der Name ist historisch; die Familie von Jagow gehörte zu den ältesten Adelsfamilien und ist gleichfalls niedersächsischer Herkunft. Eine Äbtissin Anna von Jagow leitete das Kloster Arendsee zur Zeit seiner höchsten Blüte gegen Ende des 15. Jh. Ihr Wappenschild findet sich in dem Glockenturm der Klosterkirche eingemauert, den sie 1481 errichten ließ. Fontane sah es im Herbst 1859, als er zusammen mit dem Kunsthistoriker W. Lübke zum ersten Mal die Altmark bereiste. Die fühlbare Wärme Fontanes bei der Schilderung der inneren Verhältnisse im Kloster geht auf seine persönlichen Eindrücke im Kloster Dobbertin in Mecklenburg zurück. Vgl. dazu unsere Beilage. – Die zur Zeit der Erzählung in Arendsee amtierende Domina hieß Eva Margarita von Wartenberg.

66 *Der Wittenberg'sche Doktor.* Martin Luther, der als Doktor (und Professor) der Theologie an der Universität Wittenberg lehrte und 1521 vor den Reichstag nach Worms geladen wurde, um seine Lehre zu verteidigen.

68 *Deckelphiole* (griech.-lat.). Bauchige Flasche mit langem, engem Halse und Deckel. ahd. „fiala"; mhd. „viole".

Syrakuser Wein. Nach der Hafenstadt Syrakus an der Ostküste Siziliens, einem Handelsplatz für sizilische und griechische Weine.

69 *Der Herr segne dich . . .* Die Domina (noch im „alten Glauben"!) spricht als Abschiedsworte den Segenswunsch, mit dem der protestantische Geistliche die Gemeinde nach dem Gottesdienst entlässt. (Nach 4. Mose 6, 24–26.)

Gegen die vierte Stund. Ein bezeichnendes Beispiel, mit welcher Freiheit Fontane über die historischen, zeitlichen und – hier – örtlichen Voraussetzungen verfügt: von Arendsee nach Tangermünde sind gut 45 Kilometer; dabei ist es kaum möglich, die Stadt Stendal zu vermeiden oder nur zu übersehen!

70 *Kummetkette.* Die Kette, mit der das Kummet, das den Hals umschließende Zuggeschirr des Pferdes, an der Deichsel befestigt ist.

Eine Schleife. Schlittenartiges Gefährt zum Fortschleifen von Lasten, den märkischen Sandwegen angemessen. Schon mhd. „sleipfe, sleipe".

Arnsdörp. Eventuell ein von Fontane in dichterischer Freiheit gewählter Ortsname, denn ein Ort wie „Ahrensdorf" ist als Schulenburgischer Besitz in der Altmark nicht nachweisbar; möglicherweise wurde Fontane durch den im Riesengebirge gelegenen Ort „Arnsdorf", den er aus dem Urlaub kannte, inspiriert.

72 *Die Vorstadt.* Gemeint ist hier die alte Burgvorstadt, in der früher Untertanen der Burg wohnten. Sie lag außerhalb des Mauerringes und war selbst nur durch Palisaden geschützt. Im Jahre 1456 erwarb der Rat von Tangermünde das „Hühnerdorf" vom Markgrafen. Die Bewohner genossen keine Gleichberechtigung mit den Bürgern, sondern mussten jährlich ein Rauchhuhn zinsen; daher der Name. Der Aufenthalt Gretes in der Vorstadt ist die letzte Spur eines frühe-

ren Entwurfs; danach wollte Fontane seine Heldin (in engerer Anlehnung an den alten Prozessbericht) in dem nahe gelegenen wendischen Fischerdorfe Calbau in schlechte Gesellschaft geraten und mit dieser dann den Plan zur Einäscherung der Stadt verabreden lassen.
Das Tor. Der nächste Zugang zur Stadt wäre durch das Hühnerdorfer Tor gewesen, das aber zur Zeit von Fontanes Besuch schon abgerissen war.
Der Hahn krähte dreimal. Vielleicht ein Märchenmotiv (vgl. Grimm, Goldmarie und Pechmarie); vielleicht eine verborgene Anspielung auf die (von allen vier Evangelisten berichtete) Verleugnung des Herrn durch Petrus, an die ihn der krähende Hahn erinnert.
Der innere Bann. Der Bereich der eigenen, strengeren Gerichtsbarkeit der Stadt. Vgl. oben: die Vorstadt.

75 *Das Lied vom Sperling und der Haselnuss.* Dieses „Lied", das hier an Stelle eines ausführlicheren Argumentes steht und dessen Kenntnis Fontane bei den Lesern von 1880 offenbar voraussetzen konnte, hat sich trotz vieler Bemühungen nicht ermitteln lassen.

77 *Von Kram zu Kram.* Schon das mhd. „krâm" bezeichnet in erster Linie die Warenbude, in ihrer einfachsten Form ein aufgespanntes Zeltdach, später dann die darin angebotenen Klein- und Kurzwaren. Ableitungen: kramen = kaufen; Kramer (Krämer) = Kleinhändler.
Scharren. Seit dem Mittelalter öffentliche Fleisch- oder Brotbank; noch heute im Mainfränkischen als Scharn oder Schern gebräuchlich; das gleiche Wort wie das oberdeutsche „Schranne"(Umstellung des r-Lautes!) = Bank zum Feilhalten (z. B. in München); schon ahd. „scranna" = Bank.
Hastu Gewalt, so richte recht. Der Spruch, im Original mehr als doppelt so lang, findet sich auf einer Tafel vor der Ratsstube zu Stendal, wo er im Jahre 1581 angebracht wurde. Fontane hat ihn höchst eindrucksvoll gekürzt, indem er ihn des zeitgenössischen Beiwerkes entkleidete, und hat damit den überzeitlichen Charakter weit stärker betont.

80 *Ein unbillig Recht, ein totes Recht.* Die erste Hälfte des so altertümlich klingenden, eindrucksvollen Spruches ist zuerst bei Joh. Heinr. Zedler (1706–1763) belegt; die zweite Hälfte ist wohl Fontane zuzuschreiben.
Im Zirkel. Das mhd. „zirkel" – wie schon das lat. „circulus" – bezeichnete zunächst den Kreis und den Kreislauf, dann einen goldenen Reif zum Schmucke des Fürstenhauptes und erst später das Instrument zum Kreiseschlagen. Die alte Bedeutung schlägt noch durch in „Bczirk"(mhd. zirc) und „Zirkus". Bei Fontane erscheint der häufige Gebrauch des Wortes im alten Sinne als sprachliche Eigenwilligkeit.

81 *Mit dem Vorplatz grenzen.* Älterer, heute ungewohnter Gebrauch des Dativs, schon bei Luther auftretend: mit dem Vorplatz die Grenze gemeinsam haben; an den Vorplatz grenzen.
Werg. Vgl. Anm. zu Flachsbrechen S. 34.
Wiepe. Strohwisch, Strohbüschel.
Berberitzenstrauch. Einer der im Volksmund entstellten Namen für

den Saurach oder Sauerdorn (Berberis vulgaris), ein Mittelmeergewächs, das bei uns verwildert (als Gartenflüchtling) vorkommt. Der lat. Name beruht auf dem gleichbedeutenden arabischen „berbaris".
82 *Der Nordwester.* Die von Fontane auch sonst gebrauchte Form für den Nordwestwind.
Passieren (lat.-franz.). Vorüber-, hinüber-, entlanggehen; bei Fontane in dieser Bedeutung häufig; heute fast nur noch für das Vorüberfahren von Schiffen an einer Landmarke gebraucht; seit dem Beginn des 16. Jh. im Deutschen belegt; aus dem volkslat. „passare" in alle romanischen Sprachen gedrungen.
Blaker. Ein Hand-, Wand- oder Hängeleuchter mit offenem Licht, vom niederdtsch. Verb „blaken" = flammen, qualmend brennen; im 18. Jh. zuerst belegt.
83 *Landeshauptmann.* Der höchste kurfürstliche Beamte in der Altmark, etwa dem späteren Oberpräsidenten einer Provinz vergleichbar. Der hier genannte Achaz von der Schulenburg ist historisch belegt, lebte aber erst zwei Menschenalter später. Landeshauptmann zur Zeit des Tangermünder Brandes am 13. Sept. 1517 war Thomas von dem Knesebeck, der auch das Todesurteil gegen die am Brand völlig unbeteiligte historische Grete Minde – nach dem Prozess von 1519 – bestätigte.

Zur Textgestaltung

„Grete Minde" wurde zuerst 1879 in der Monatsschrift „Nord und Süd" im Vorabdruck veröffentlicht. Die Buchausgabe erschien 1880 bei Wilhelm Hertz in Berlin; sie ist heute fast unauffindbar geworden. Von der 4. Auflage ab ging die Erzählung an den Verlag J. G. Cotta in Stuttgart über. Ein Sonderabdruck erschien 1884 in Heyses „Neuem Deutschen Novellenschatz". Schließlich wurde sie aufgenommen in die zu Fontanes 70. Geburtstag ziemlich eilfertig zusammengestellte Ausgabe seiner „Gesammelten Romane und Erzählungen"(1890 f.) und in die seit 1905 veröffentlichte Ausgabe der „Gesammelten Werke", die kritischen Ansprüchen ebenso wenig genügt. Die Ausgaben weichen nicht nur in der Rechtschreibung und in der Zeichensetzung, sondern auch in Einzelheiten der Textgestaltung voneinander ab, ohne dass eine Mitwirkung Fontanes bei diesen Veränderungen mit Sicherheit festzustellen wäre.

Unser Text basiert auf der ersten von dem Dichter selbst überarbeiteten Buchausgabe; die Rechtschreibung wurde den neuen amtlichen Regeln behutsam angeglichen. Die von Fontane sehr bewusst vorgenommene Interpunktion wurde dort verändert, wo sie nach heutigen Maßstäben falsch wäre.

BEILAGEN

EIN GROSSES UNGLÜCK VOM PULVER ZU TANGERMÜNDE
Aus: Ritners Altmärkischen Geschicht-Buchs dritter Theil (1651)

[1646] So hat sich auch eben in diesem Jahr / am Tage aller Heiligen / zu Tangermünde nachfolgendes großes Unglück begeben. Ein Docken-Spieler hielte beym Rath an / daß er möchte sein Spiel vom Jüngsten Gerichte mit Kinder-Docken / oder Puppen / spielen / welches ihm nach vorgezeigten richtigen und guten Gezeugnissen / auch Fürstlichen Paß-Briefen zugelassen ward. Hierauf versammelte sich etwan des Abends nach vier Uhr gegen der einfallenden Nacht eine ziemliche Menge Volcks aufs Rathhauß.

Als nun das Spiel bald zu Ende / ließ er etliche starcke Racqueten anzünden / die mit ihren Feuer-Flammen fast alle Winckel auf dem Gewölbe erfülleten / auch endlich durch eine Ritze der Thüren auf der Seiten nach der grossen Stube fielen / ergriffen daselbst ein sieder Anno 1637. niedergesetztes und damals gantz untüchtig erkanndtes Pulver / welches / nachdem es entzündet / leider in einem Augenblick zwischen 5. und 6. Uhren eine solche Würckung thate / daß davon wol vierzig Personen jämmerlich beschädiget und verbrandt; etliche Menschen / so an den Fenstern gestanden / nebst denselben einer ziemlichen Höhe herunter gestürtzet / an Armen und Beinen beschädiget / zwey Kinder aber davon gestorben seyn; Und / da bey solcher Angst und Noth die Leute nach der Thür eileten / wurden im Gedränge drey Kinder erbärmlich erdruckt / und todt aufgehoben. Die vorernannte große Raths-Stube / nach welcher der ander Schlag gegangen / ist an etlichen Orten gebrochen / und viele briefliche Urkunden und Register verbrannt.

MATHILDE VON ROHR,
KONVENTUALIN ZU KLOSTER DOBBERTIN
(1810–1889)

Aus den „Wanderungen durch die Mark Brandenburg", I. Teil

... Fräulein von Rohr, die nun im Sommer oder Herbst 1869 als „Konventualin" eintrat und ihre Wohnung in einem alten Klosterkreuzgang bezog. An der Spitze des Klosters stand damals die Domina von Quitzow, eine schon neunzigjährige Dame, die, was Klugheit und Entschlossenheit anging, ihrem berühmten alten Namen alle Ehre machte. Selbst Preußin von Geburt, war sie froh, in Fräulein von Rohr „mal wieder eine Preußin" im Kloster zu haben und in dieser Gesinnung verblieb die Neunzigjährige bis zu ihrem sechs Jahre später erfolgenden Hinscheiden; aber diese wundervolle alte Domina war auch das einzige Element, auf das sich die neue Konventualin mit Sicherheit stützen konnte ...

[...] Bald [...] machte ich meinen ersten Besuch in Dobbertin. Kein poetischerer Aufenthalt denkbar! Das Zimmer, darin wir das Frühstück und abends den Tee zu nehmen pflegten, hatte noch ganz den Klostercharakter, denn aus seiner Mitte stieg ein schlanker, oben palmenfächriger Pfeiler auf; halb verdeckt davon aber stand ein Schaukelstuhl, von dem aus ich, wenn ich mich im Pfeilerschatten hin und her wiegte, mal links mal rechts das Kohlenfeuer sah, das in dem altmodischen Kamin still verglühte. Denn ein Feuer war immer da und auch nötig, trotzdem wir mitten im Sommer waren. Um die Fenster rankte sich Blattwerk mit großen gelben Tulpenblumen dazwischen, die bis aufs Dach hinaufwuchsen und dies auf seiner Unterhälfte fast überdeckten. Um all die Baulichkeiten herum lagen Gärten, auch ein Stück Park, und wenn man diesen, mit der Richtung auf die Kirche zu durchschritt, kam man zuletzt an den Dobbertiner See [...]

[...] Im März 1875 starb die Domina, die alte von Quitzow, fast sechsundneunzigjährig. Bis zuletzt hatte sie sich bei Kraft und fast auch bei Frische erhalten [...] Nach dem Tode der alten von Quitzow sollte die „Preußin" Domina werden, so war Wunsch und Wille der Verstorbenen gewesen. Aber die früheren Gegensätze waren mittlerweile wieder zu Kraft gekommen und da sich's traf, dass Mathilde von Rohr, just als die Neuwahl stattfinden sollte, schwer krank darniederlag, so siegte die Gegenpartei, was schließlich vielleicht *allen* angenehm war, auch den Vereinzelten, die für sie gestimmt hatten [...]

[...] Noch zehn Jahre war es ihr vergönnt, frisch und freudig in ihrer Stellung auszuharren [...] Dann aber kam neue schwere Krankheit, ein Herzleiden [...] Dies Leiden selbst trug sie mit großer Ergebung und bestrebte sich dabei, was ihrem natürlichen Menschen beinahe widersprach, voll christlichen Sinnes demütig und vergebungsbereit zu sein [...] Am Vormittage des 16. September 1889 entschlief sie [...]

Ein äußerlich nicht hervorragendes, aber innerlich tüchtiges Leben hatte aufgehört zu sein. Ihre vollste Würdigung hatte sie von der alten Domina von Quitzow erfahren, die von ihr zu sagen pflegte: „es gibt nur eine Rohr" und immer voll Anerkennung jener Ungeschminktheit und Einfachheit war, die zuletzt unser Bestes bleibt. Und einfach und natürlich waren schließlich auch noch die Aussprüche, die sie während ihrer letzten Krankheit zu Befreundeten tat: „Immer erst das tun, was vor Gott recht ist; dann erst kommt die Rücksicht auf andere und die Liebe zu den Menschen." Und bei anderer Gelegenheit: „Nur nicht immer bloß klug sein wollen; wer bloß klug ist, da zeigt sich's über kurz oder lang in abschreckender Gestalt, dass ihm das Beste fehlt: die Wahrheit und die Güte. Und wo die fehlen, da kommt nichts zu Stande." –

PAUL HEYSE ÜBER THEODOR FONTANE

Aus der Einleitung zur „Grete Minde" in Bd. 5 der Sammlung „Neuer Deutscher Novellenschatz", München/Leipzig 1884

Theodor Fontane wurde den 30. Dezember 1819 zu Neuruppin geboren. Er besuchte das Gymnasium seiner Vaterstadt, später die unter v. Klödens Leitung stehende Berliner Gewerbeschule. Schon 1839 erschienen Balladen und Novellen von ihm in Berliner Blättern, namentlich im Berliner „Figaro". Im Jahr darauf ging er nach Leipzig, wo er, zunächst mit Übersetzungen englischer Dichter wie John Prince, Rob. Nicholls, Ebenezer Elliot etc. beschäftigt, alsbald in freundschaftliche Beziehungen zu Dr. Georg Günther, einem Schwager Robert Blums, sowie zu Max Müller und Wilhelm Wolfsohn trat. 1844 übersiedelte er nach Berlin und wurde Mitglied des „Tunnels", einer literarischen Vereinigung älterer und jüngerer Dichter und Schriftsteller, der damals Strachwitz, Scherenberg, B. von Lepel, später auch Geibel, Franz Kugler, Paul Heyse, Friedrich Eggers und Hugo von Blomberg angehörten. Unter dem Einfluss dieses Dichterkreises war es, dass er sich ausschließlich seinem schriftstellerischen Berufe zu widmen beschloss und einen Band Balladen erscheinen ließ. 1855 ging er nach England, woselbst er vier Jahre lang seinen Aufenthalt nahm. 1859 nach Deutschland zurückgekehrt, trat er bald darauf bei der Kreuzzeitung ein, an der er von 1860 bis 70 den englischen Artikel redigierte. In diese Zeit fallen auch seine „Wanderungen durch die Mark Brandenburg".

1870, unmittelbar fast nach Rücktritt aus seiner Kreuzzeitungsstellung, nahm er Gelegenheit, dem siegreichen deutschen Heere nach Frankreich zu folgen, ward in Domremy, im Geburtshause der Jeanne d'Arc, gefangen genommen und nach mannigfachen Bedrängnissen auf die Insel Oleron abgeführt. Ein Dekret der Minister Gambetta und Cremieux setzte ihn wieder in Freiheit. Nach seiner Rückkehr begann er die Geschichte des 70er Krieges, die er 1876 vollendete. Während eben dieses Zeitabschnittes übernahm er für die Vossische Zeitung das Referat über die Königlichen Schauspiele. Im März 1876 ward er an Stelle des verstorbenen Professors Gruppe zum ersten Sekretär der Akademie der Künste ernannt, aus welcher Stellung er jedoch nach kurzer Zeit wieder ausschied.

Er publizierte: Von der schönen Rosamunde, 1849; Männer und Helden, 1850; Gedichte, 1851; Argo (gemeinschaftlich mit Franz Kugler), 1854; Ein Sommer in London, 1854; Aus England, 1860; Jenseits des Tweed, 1860; Balladen, 1860; Wanderungen durch die Mark Brandenburg, 4 Bände, 1861–1883; Der schleswigholsteinische Krieg, 1866; Der Krieg gegen Österreich (illustriert von Ludwig Burger), 2 Bände, 1870; Kriegsgefangen, 1871; Aus den Tagen der Okkupation, 1872; Der Krieg gegen Frankreich, 2 Bände, 1876; Vor dem Sturm, Roman, 1878; und die Novellen: Grete Minde, 1880; Ellernklipp, 1881; L'Adultera, 1882; Schach von Wuthenow, 1883.